DON QUIJOTE EN LA FLORESTA DE ALCINA
DON CHISCIOTTE NELLA SELVA DI ALCINA

Atribuido a
FRANCESCO CORSETTI

Don Quijote en la floresta de Alcina

Don Chisciotte nella selva di Alcina

Edición crítica, traducción e introducción
Franco Quinziano

GREC
GRUPO DE ESTUDIOS
CERVANTINOS

El *Quijote* y sus
interpretaciones

Luna de
Abajo

OVIEDO 2025

Universidad de Oviedo

GRUPO DE ESTUDIOS
CERVANTINOS

Colección El *Quijote* y sus
interpretaciones, n.º 17

DIRECTORES:
Emilio Martínez Mata
y María Fernández Ferreiro
http://grec.grupos.uniovi.es/

COORDINADORA DEL VOLUMEN:
María Fernández Ferreiro

© DE LA TRADUCCIÓN, INTRODUCCIÓN
Y EDICIÓN CRÍTICA:
Franco Quinziano

EDITA:
Luna de Abajo
https://www.lunadeabajo.com/
DISEÑO:
Pandiella y Ocio

DEPÓSITO LEGAL: AS 01189-2025
ISBN: 978-84-86375-82-9

1.ª edición: abril 2025

ÍNDICE

Prefacio de la empresa colaboradora

Mi vínculo con *El ingenioso hidalgo don Quijote de la Mancha* viene de lejos. Era pequeño cuando me regalaron una versión infantil y cuando leímos varios capítulos en el colegio, posteriormente. Su compañero en algunas andanzas, Sancho Panza, el supuesto yelmo de Mambrino y el episodio de los gigantes marcaron mi imaginación durante años, hasta que con más edad pude deleitarme con una versión ilustrada por Gustavo Doré y disfrutar con el placer de su lectura íntegra.

Cuatro siglos después de su primera edición, el *Quijote* sigue teniendo relevancia y sigue siendo de actualidad, pues en su texto se encuentran multitud de referencias útiles para entender muchas situaciones relacionadas con la vida cotidiana hoy en día. La universalidad de la obra de Cervantes tiene ahora una especial importancia dada la globalización de la economía y del conocimiento. Y, en particular, la globalización de las empresas que, con la contribución de los últimos avances científicos, en muchos casos, han conseguido que su actividad y sus proyectos puedan alcanzar un impacto tan universal como la propia novela cervantina.

Cuando desde E2IN2 tuve conocimiento de los trabajos que desarrolla el Grupo de Estudios Cervantinos de la Universidad de Oviedo, no dudé ni un momento en ponerme en contacto con las personas que lideraban la iniciativa para ofrecer nuestra colaboración con el fin de aumentar el alcance de su labor y la difusión del talento creativo e investigador en torno a la obra de Cervantes, haciéndola accesible de manera más global.

Es justamente esta dimensión global de E2IN2 y de su proyecto Civie el hecho que justifica el patrocinio de parte de la edición de los ejemplares de la colección «El *Quijote* y sus interpretaciones». Apoyar el talento creativo, académico y emprendedor está en nuestro ADN y es por ello por lo que E2IN2 desea contribuir a que el conocimiento del *Ingenioso hidalgo* y de su autor, así como las interpretaciones que se han hecho por parte de múltiples autoras y autores —y, por ende, esta colección—, pueda ser accesible a quienes deseen conocerla y profundizar desde países lejanos. Para llevar nuestra colaboración a la práctica haremos esfuerzos para hacerla llegar a diferentes bibliotecas e instituciones.

Con esta iniciativa de patrocinio, E2IN2 desea contribuir a la difusión del conocimiento sobre la mejor novela de todos los tiempos y a la excelente tarea que lleva a cabo el Grupo de Estudios Cervantinos de la Universidad de Oviedo, además de, por supuesto, a la difusión de nuestra lengua.

Espero que disfruten de esta colección tanto como he disfrutado cada vez que me he acercado a la lectura del *Quijote*.

VALENTÍN E. DE TORRES-SOLANOT DEL PINO
E2IN2 S. A.

INTRODUCCIÓN

Don Quijote, Alcina y Nerina: recreaciones cervantinas y motivos ariostescos en los escenarios del *Settecento* italiano

1

El *Quijote* y el drama musical

La genial novela de Cervantes, como la afamada dupla inmortalizada del alcalaíno, reconoce una temprana presencia en la cultura italiana, habiendo gozado de una inmediata popularidad desde los primeros decenios del siglo XVII. Habían pasado tan solo cinco años desde la publicación del primer *Quijote*, cuando se imprime en la ciudad de Milán una edición en castellano (Bidello 1610), según reza el editor, «por no le quitar su gracia, que más se muestra en su natural lenguaje que en cualquiera trasladado» (en Rius 1895: I, 14). Cinco años más tarde, mientras se publicaba el segundo *Quijote*, encontramos la primera directa alusión al hidalgo manchego en las letras italianas. Se trata de *La secchia rapita* (1615), poema heroico-cómico de Alessandro Tassoni que, como atestigua Franco Meregalli (1993: 35), constituye sin duda «una presencia importante e inmediata». En 1622 Lorenzo Franciosini traducía al italiano la primera parte, mientras que tres años más tarde el mismo gramático y traductor florentino acometía la traducción de la segunda parte, ambas publicadas en la ciudad de Venecia. El éxito inmediato del *Quijote* habría de favorecer asimismo la temprana difusión de otros textos cervantinos, como las *Novelas ejemplares* y el *Persiles,* en tierras italianas. Ambos textos, editados también en la ciudad lagunar y traducidos, respectivamente, por G. Novilieri Clavelli y F. Elio a partir de sus precedentes versiones al francés, vieron la luz en 1626. De las *Novelas ejemplares* se publica al año siguiente una nueva traducción, esta vez llevada a cabo por Donato Fontana (Milán, 1627), mientras que dos años más tarde se registra la primera (y única para todo lo que resta del XVII) reimpresión de la traducción de G. Novilieri Clavelli.

Pocos años después aparecerán las primeras imitaciones y reelaboraciones de clara inspiración cervantina, entre ellas la *Rocella espugnata* (1630) de Bracciolini, inspirada en el relato de *El curioso impertinente*, y mucho más tardíamente el melodrama de Morosini, *Don Chisciotte della Mancia* (1680), que hacia finales del XVII inauguraba la afortunada presencia de temas quijotescos para su representación en el drama musical y que ofrecerá sus mejores frutos en la siguiente centuria. La recepción, aunque con matices diversos, ofrece una imagen acorde con el conocido itinerario europeo que había forjado el perfil del caballero cervantino en el XVII e inicios del XVIII como modelo paródico e instrumento de burla y crítica al mismo tiempo: la obra se erigía en instrumento de sátira contra el género caballeresco, afirmándose al mismo tiempo como texto de divertimento y recreación. El hidalgo manchego alude al modelo cómico y burlesco del caballero errante que va a caracterizar también la perspectiva crítica a lo largo del XVIII italiano y hasta bien entrado el XIX.

Si la fortuna del *Quijote* en el XVII italiano se reduce a algo más de una veintena de alusiones, algunas de ellas indirectas y ocasionales, por lo que concierne al *Settecento* el panorama no se presenta más promisorio. Por los datos de que disponemos, no cabe duda de que ante el florido y cultivado territorio inglés y alemán, que a lo largo de la centuria manifiestan un indiscutible y entusiasta interés, y, en menor medida, el francés y el español, la recepción del *Quijote* en la Italia del XVIII nos revela un campo escasamente abonado por la crítica y casi yermo, sin novedades de relieve, en el de la actividad traductora (tan solo cuatro reediciones de la primera —y hasta entonces única— traducción de Lorenzo Franciosini, 1622-1625).[1]

---

[1] Sobre la recepción crítica en la Italia del *Settecento*, veáse Quinziano (2008b); para las traducciones y reediciones cervantinas en la centuria remito a las páginas que le hemos dedicado en Quinziano (2008a: 120-125).

En otro lugar nos hemos detenido sobre las posibles razones que habrían motivado esta escasa atención y cierto desdén, lindante con el desinterés, por parte de la crítica *illuminista* italiana hacia nuestra máxima novela (Quinziano 2008b: 258-261); actitud que contrasta notablemente con el fértil territorio que por el contrario exhiben los estudios cervantinos en las literaturas europeas más avanzadas —Inglaterra, Alemania y Francia, de modo más acusado— para la misma centuria.[2] Como hemos observado, esta escasa atención en el campo de la recepción crítica se tradujo en

> la pobreza de los comentarios y la superficialidad de algunas lecturas interpretativas sobre el *Quijote*, quedando su alusión, defensa, exaltación o rechazo muchas veces enmarcada en las polémicas hispano-italianas que ocuparon un lugar considerable en los debates culturales a lo largo de la centuria (Quinziano 2008b: 243).

Ahora bien, si en el terreno de la traducción y en el de la recepción crítica la novela cervantina no exhibe un panorama alentador, mucho más provechoso resulta desplazar la atención hacia el ámbito de las adaptaciones y recreaciones teatrales, principalmente para el drama musical, las cuales revelan una

---

[2] Entre las razones de peso que pueden explicar esta limitada acogida de la novela cervantina en la Italia del periodo, merece recordarse la presencia de una próspera tradición caballeresca suficientemente arraigada en la cultura italiana (Pulci, Boiardo, Ariosto), concibiéndose al *Quijote* como un remedo —tardío por otro lado— de esa estimable tradición que había florecido en Italia entre el Humanismo y el Renacimiento, y en la que Ariosto se erigía como punto de referencia indiscutible. Asimismo, como se ha observado, podría añadirse «entre otros motivos, la animadversión de Italia hacia España, que ocupaba una parte del territorio de la península itálica, y la capacidad de los lectores cultos de comprender el español, lo que en gran medida haría innecesarias las traducciones» (Alvar 2005: 157).

presencia apreciable a lo largo de la centuria y la existencia de estímulos cervantinos dignos de consideración (Quinziano 2005, 2006 y 2008a: 140-148; Scamuzzi 2007). Es en el teatro musical, en efecto, donde es posible rastrear nuevas y estimulantes presencias y múltiples ecos cervantinos en la Italia del periodo, confirmando la destacada inclinación de los géneros y subgéneros musicales (farsas, *intermezzi*, ballets, *contrascene per musica*, óperas bufas, óperas serias, pantomimas, etc.) hacia episodios y motivos privativos de la genial novela. Al aludir a su manifestación en la música, Espinós (1947: 7) recuerda cómo «ningún otro mito poético dramático fuera tan repetidamente usado, íntegro, parcial, directa o indirectamente» para ser representado en los escenarios, sin olvidar al mismo tiempo la destacada presencia que el tema de la música adquiere dentro de la misma novela cervantina, erigiéndose en vehículo privilegiado de cultura musical.

Debe precisarse que la presencia y proyección de temas cervantinos en el ámbito de la música y su representación en los escenarios constituye una tendencia de larga data que atraviesa tempranamente diversos escenarios europeos y géneros dramáticos desde los primeros decenios del XVII. Esta tendencia hacia el drama y la escenificación para obras musicales de episodios y temas derivados de la inmortal novela ya comienza a vislumbrarse desde los años inmediatamente sucesivos a su publicación, en los albores del siglo XVII. Como muestra de esta fecunda relación que se instaura entre el *Quijote* y los espectáculos con música, conviene recordar que habían pasado tan solo ocho años desde la publicación de la primera parte cuando, pocos meses antes de que apareciese en 1614 la traducción francesa de Oudine, subía a escena en el Louvre el ballet *Don Quichot*, en el que asoma ya un don Quijote bailador o danzarín.[3]

---

[3] Al respecto, Martínez del Fresno (2007) recuerda que «en el siglo XVII predominan los *ballets de cour*, espectáculos compuestos de danza,

Es posible advertir a lo largo del siglo XVII una presencia casi constante de motivos y episodios cervantinos en las tablas francesas, con obras coreográficas adaptadas y reelaboradas para ser escenificadas y en las que predomina de modo indiscutible la perspectiva cómica, burlesca y satírica.

Siguiendo el ejemplo de Francia, y consciente de los innegables componentes de teatralidad que exhibe la novela, los autores italianos comienzan tempranamente a asimilar también temas y episodios cervantinos en función dramática. Las fuentes para la elaboración de estas recreaciones, ballets y mascaradas de derivación quijotesca en las que se representan episodios o motivos parciales de la gran novela son la lectura de la traducción italiana de Franciosini o la francesa de Oudine (1614) y Rosset (1618) aunque en algunos casos, como en Girolamo Gigli o Giuseppe Baretti, no deba descartarse la existencia de una lectura directa del *Quijote* en español. En esta línea, los poetas dramáticos italianos ensalzan sobre todo lo que en el *Quijote* había de burlesco, grotesco y paródico,[4] facilitado muy

---

textos (*récits* y *vers*), música y vestuario específico, en cuya ejecución participaban los cortesanos y a veces la familia real francesa. Tal es el caso de *Ballet de Don Quichotte* (1614), *L'Entrée en France de Don Quichot de la Manche* (1616/25), *Le Libraire du Pont-Neuf, ou Les Romans* (1644), *L'Oracle de la Sybile de Pansoust* (1645) o la *Mascarade de Don Quichotte* (1700)».

[4] Este procedimiento de adaptación de la novela cervantina, inmediatamente posterior a su publicación, en el que se seleccionan y resaltan los aspectos grotescos y paródicos, presente también desde sus inicios en España, constituye en verdad un proceso que engloba a la mayoría de las culturas europeas en su proceso recepción: como recuerda Ruta (2019: XVI), al aludir a la tradición europea, «en todo el siglo XVII la figura del caballero aparece deformada de manera grotesca y desligada del tema caballeresco, rasgos que se mantienen en las comedias y entremeses que igualmente se inspiran en él [...]. Para responder a las expectativas de entretenimiento del público se acentúan los rasgos grotescos de don Quijote, a menudo acompañado por Sancho y Dulcinea, alejándolo cada vez más de los códigos caballerescos».

probablemente por las deudas que la afamada novela, en su proceso de gestación, había contraído con el afortunado modelo cómico de la *commedia all'improvvisa*.[5]

Ahora bien, a diferencia de sus vecinos franceses, Italia exhibe aún a lo largo de gran parte del XVII un campo poco abonado, evidenciando una presencia más acotada. Habrá que desplazarse hacia los últimos decenios de la centuria para identificar nuevas adaptaciones para el teatro musical de carácter cómico y de clara derivación cervantina, como nos atestiguan la pieza de Morosini y Carlo Fedeli (*Don Chissiot della Mancia*, Venecia 1680); *Il Lodovico Pio* (Siena, 1687), con libreto de Girolamo Gigli y música de Giuseppe Fabbrini; *L'Atalipa* (Siena, 1689), con libreto de Gigli, y el más conocido *Amore fra gl'impossibili* (Roma, 1693), libreto, una vez más, de Gigli y música de Carlo Campelli.

Estas reescrituras confirman que, a diferencia de Francia, en los escenarios italianos no se percibe una predilección de estas piezas de inspiración cervantina hacia el ballet, las pantomimas o las mascaradas, privilegiándose en cambio, para el último tercio del XVII y bien entrado el XVIII, el *dramma per musica*, que admitía el desarrollo de una trama paralela con la incorporación de personajes de baja condición social (Presas 2015: 195). En todo caso, estas recreaciones ya preanuncian lo que a partir del segundo tercio del XVIII acabará siendo una de las notas distintivas, a saber, la inequívoca vocación del teatro musical hacia episodios y motivos cervantinos, con la ópera lírica como indiscutible canal privilegiado de recepción

---

[5] Es posible reconocer, a modo de ejemplo, la presencia en 1616 de una comedia de Giambattista Della Porta, *Tabernaria*, en la que dos personajes, Pedante y Spagnolo, ofrecen rasgos que reelaboran algunos motivos quijotescos. Algunos años más tarde, en 1627, A. Bianchieri redacta una *commedia all'improvvisa* en la que, bajo el título de *Prodezze di Don Chissiotto*, incorpora el famoso episodio cervantino de la bacía/yelmo del barbero (I, 21, 44).

musical, fruto del frenesí melodramático que dominará la centuria (Esquival-Heinemann 2007, Scamuzzi 2007, y, en especial, Presas 2015: 189-202).[6]

Se inaugura, por lo tanto, en el *Settecento* una próspera estación basada en la estrecha relación que la obra cervantina habrá de entablar con el teatro y la música y en la que una diversidad de géneros y subgéneros operísticos —ópera seria, ópera bufa, *intermezzo,* gran ópera, comedia heroica, ópera cómica, opereta, ópera de cámara, etc.—, tanto en su vertiente seria como en la cómica, en especial la ópera bufa —que acabará imponiéndose principalmente en los escenarios napolitanos—, se afirman como su expresión más acabada y de mayor resonancia y aceptación popular. Como ha señalado Maria Ruta (2013: 116), «nos hallamos en presencia de una producción de considerables proporciones, cuya entidad ha sido puesta de realce gracias al inventario de Giacomo Moro».[7] Del mismo modo han visto la luz en los últimos años aportaciones críticas y bibliográficas de relieve que, como se ha observado, entran «con mayor profundidad en este repertorio y que proporcionan una nueva perspectiva sobre el tema, desde el estudio de Esquival-Heinemann (1993), que contempla de forma general la recepción operística en Europa, hasta el fundamental [texto] de Scamuzzi (2007), que constituye un punto de partida para

---

[6] Sobre las recreaciones cervantinas en el género de la ópera, Presas (2015: 190) recuerda atinadamente que «la mayor parte de los estudios y análisis de las continuaciones musicales del *Quijote* se ha hecho desde los libretos y su fidelidad al original, dejando de lado el hecho de que el formato de la ópera ha condicionado necesariamente el contenido textual, y en cierta manera, definido una manera operística de "escribir" el *Quijote*, distinta, por tanto, cuando no ajena, a la de la novela original».

[7] «Siamo in presenza di una produzione di notevoli proporzioni, la cui entità e´ apparsa nella sua consistenza grazie all›inventario di Giacomo Moro».

investigaciones posteriores» (Presas 2015: 191).[8] Más recientemente ha visto la luz una valiosa labor de recuperación, localización y catalogación de textos de derivación quijotesca en la Europa del XVII y XVIII, acometida por Jurado Santos (2015), quien en una perspectiva temporal y espacial más amplia recoge algo más de doscientas fichas bibliográficas sobre obras de derivación cervantina publicadas y conservadas en los fondos de las bibliotecas europeas, ampliamente anotadas.[9] No pueden dejar de recordarse en esta misma perspectiva las recientes ediciones críticas referidas a varias reescrituras quijotescas de la centuria que han visto la luz en estos últimos años, fruto de la valiosa labor llevada a cabo por el proyecto de investigación «Q.Theatre», coordinado por el acreditado cervantista Emilio Martínez Mata, director del GREC de la Universidad de Oviedo, y orientado a la recuperación y promoción de las adaptaciones del *Quijote* en el teatro europeo. Esta importante iniciativa ha permitido que viesen la luz en versión bilingüe —italiano/español— importantes textos teatrales de derivación

---

[8] Desde la precursora monografía de Flaccomio (1928), primera tentativa orientada a ofrecer una visión de conjunto de la presencia y recepción del *Quijote* en la Italia del XVII y XVIII, han sido diversas las aportaciones dirigidas a aproximarnos y abordar los canales de transmisión y el complejo proceso de asimilación y recepción de la novela cervantina en los escenarios de la península a lo largo del *Settecento*, sobre todo para el teatro musical. Al respecto se remite a las valiosas aportaciones de Esquival-Heineman (1993: 19-33) y Scamuzzi (2007). Un somero y certero panorama sobre la presencia del *Quijote* en la Italia del XVIII y el estado de la cuestión puede consultarse en Jurado Santos (2017: IX-XXV), Ruta (2017: 221-226) y, más recientemente, en Quinziano (2023: 37-53).

[9] Encomiable se revela esta labor de recuperación y localización de textos quijotescos para el ámbito europeo: cada referencia bibliográfica se acompaña con datos sumamente útiles que remiten a la localización de los ejemplares, con sus correspondientes signaturas, referencias sobre ediciones, reediciones y eventuales reelaboraciones de las diversas entradas; para el siglo XVIII, ver Jurado Santos (2015: 93-124).

quijotesca pertenecientes al XVIII italiano, varios de ellos olvidados en los estantes de los archivos y bibliotecas, a través de de estimables ediciones críticas.[10]

Para el periodo comprendido entre 1700 y 1805, Donatella Pini y Giacomo Moro (1992: 149-268) registran en su catálogo algo más de cuarenta títulos, entre farsas, pantomimas, comedias para música, *intermezzi*, ballets, óperas bufas, *contrascene* y óperas serias, piezas que reflejan esta asombrosa pasión hacia motivos cervantinos que se ha apoderado de Europa y de modo aún más acusado del drama musical italiano. Este inventario constituye una lista todavía provisoria, como nos demuestra el hallazgo de otros libretos para el drama musical inspirados en la obra cervantina, entre ellos precisamente la pieza *Don Chisciotte nella selva di Alcina* (1752), cuya edición bilingüe aquí publicamos. Algunas de estas recreaciones aluden de modo muy general al texto cervantino, abarcando pasajes más extensos de la novela o incorporando motivos diversos, seleccionados no siempre con criterios adecuados y, por tanto, exhibiendo a veces altas cuotas de anacronismo; en otras ocasiones se asientan en episodios claramente reconocibles o en precisas historias

---

[10] Entre los títulos editados para la colección Recreaciones quijotescas en Europa (Società Editrice Fiorentina, Florencia), destacan la comedia para música *Sancio Panza governatore dell'Isola Barattaria*, libreto de G. C. Pasquini y música de A. Caldara (introducción y edición crítica de F. Bertini; traducción de A. Fiore, 2017) y las dos óperas recién citadas y estrenadas en los inicios del XVIII en la corte de Viena: *Don Chisciotte in Sierra Morena* (introducción y edición crítica de E. Martino; traducción de A. Jurado Santos, 2019) y *Don Chisciotte in corte della duchessa* (introducción y edición crítica de F. Bertini; traducción de A. Jurado Santos, 2019). Para acceder al listado completo de la colección, se remite al sitio http://qtheatre.org/es/publicaciones. Sobre esta encomiable labor de recuperación y difusión de textos teatrales en el marco del proyecto «Q.Theatre. Theatrical Recreations of Don Quixote in Europe», se remite al provechoso estudio de Martínez Mata y Fernández Ferreiro (2020).

intercaladas, como las ya citadas *Don Chisciotte in Sierra Morena,* libreto de Zeno y Pariati, escritores de la corte imperial vienesa, y *Sancio Panza governatore dell'Isola Barattaria,* libreto de G. C. Pasquini y música de A. Caldara.[11]

De este amplio corpus compilado por Pini y Moro, como hemos observado en otro lugar (Quinziano 2008a:144), descuellan de modo especial tres títulos: la ópera *Don Chisciotte in Sierra Morena* (1719), con música de Francesco Bartolomeo Conti; el *Don Chisciotte in corte della duchessa* (1727) y la ópera bufa *Don Chisciotte,* del famoso dramaturgo partenopeo G. Lorenzi (1769) con música de Paisiello, tal vez la más popular de todas las adaptaciones musicales quijotescas que nos ha legado el dieciocho italiano. A ellas es posible añadir el *Socrate immaginario,* obra redactada entre 1775 y 1776 a cuatro manos por Galiani y el recién citado Lorenzi y música de Paisiello, concebida como uno de los ejemplos más relevantes de la ópera bufa napolitana dieciochesca. El acierto y la calidad melódica que ostentan algunas de estas recreaciones cervantinas para el teatro musical ha hecho que sigan representándose aún en nuestros días, tanto en los escenarios de la península como allende las fronteras hispánicas. Un ejemplo emblemático de esta vigencia nos lo ofrecen las diversas puestas en escena que

---

[11] Resaltan de modo particular las adaptaciones basadas en los episodios bucólico-sentimentales que tienen lugar en Sierra Morena (I, 24, pp. 27-28), los que transcurren durante la estancia del caballero y su escudero en la corte de los duques (con una presencia importante de las escenas de los duelos y del viaje por los cielos de Clavileño; II, 31-57), y los componentes y situaciones que remiten al gobierno de Sancho (II, 44-53); episodio, este último, que había alcanzado una importante presencia y singular fortuna especialmente en los escenarios franceses del seiscientos. En otros casos, como en la recreación farsesca de Giuseppe Baretti, *Don Chisciotte in Venezia,* se combinan libremente dos o más episodios, en este caso el encantamiento de Dulcinea (II, 10) y el retablo de maese Pedro (II, 25-26), cuya teatralidad y espectacularidad ha sido enfatizada por la crítica; véase Quinziano (2023: 59-74).

en estos últimos años ha registrado la citada tragicomedia en cuatro actos de Zeno y Pariati, *Don Chisciotte in Sierra Morena*, concebida como la «primera aproximación estimable de la música de aquel país sobre el personaje cervantino» (González Lapuente 2002).[12]

No cabe duda de que el teatro musical en el XVIII, de modo especial el *dramma per musica*, la ópera seria y bufa, contribuyó notablemente a un mayor conocimiento y una más amplia difusión de la célebre novela,[13] como así también de algunos de sus episodios de mayor consistencia dramática, entre el público italiano. Aunque disponemos de importantes aportaciones,

---

[12] Para remitirnos a los últimos años, entre otras ocasiones, la ópera de Zeno, Pariati y Conti fue representada a finales del 2002 en los tablados del Teatro Liceo de Salamanca y en julio del siguiente año, con ocasión del prestigioso festival estadounidense de Caramor, que todos los años tiene lugar en el estado de Nueva York, y en el Real Coliseo de Carlos de El Escorial a principios de julio de 2005, en el marco del X Ciclo de los Siglos de Oro. Numerosas han sido las representaciones ese mismo 2005 y luego en 2015 como parte de las iniciativas acometidas por ambos centenarios. Más recientemente, en 2016, con ocasión del 400 aniversario de la muerte del escritor alcalaíno, la Universidad Autónoma de Madrid, en su colección «Música y Cervantes», dirigida por la musicóloga Begoña Lolo, promovió la edición de un CD de homenaje al músico Antonio Caldara, *The Cervantes Operas*, en el que se incluyeron diversas arias y piezas instrumentales de dos óperas cervantinas del célebre compositor: *Don Chisciotte in corte della Duchessa* (1727) y *Sancio Panza, governatore dell'isola di Barataria* (1733). Sobre las recientes representaciones de textos de transposición cervantina en los escenarios europeos, véase Martínez Mata y Fernández Ferreiro (2020: 187-189).

[13] Por lo que atañe al *Settecento* italiano, Presas registra tres dramas para música, nueve operetas, quince *intermezzi*, ocho ballets y algo más de una veintena de óperas bufas referidas a recreaciones inspiradas en *Quijote*, o sea «más o menos fieles de don Quijote y sus aventuras» (2014: 775). Respecto a los cinco *drammi per musica* y un solo *scenario* que exhibe el XVII, el XVIII sanciona la afirmación de la novela de Cervantes, y de don Quijote como protagonista, en los escenarios italianos para el teatro musical.

tanto en el campo de la catalogación como en el de la publicación de ediciones críticas —debiéndose destacar a este respecto las valiosas publicaciones del proyecto «Q.Theatre» que han visto la luz en el seno de la colección Recreaciones quijotescas en Europa, ya mencionadas—, la recepción cervantina en las tablas italianas del *Settecento* constituye todavía un terreno parcialmente abonado. En dicha perspectiva estimamos que estas piezas, y no solo las óperas serias u óperas bufas, las cuales han merecido cierta atención por parte de la crítica, sino también las composiciones cómicas breves —como nos confirman las farsas musicales, los *intermezzi* y las mascaradas—, constituyen todas ellas importantes vetas cervantinas aún por explorar en la perspectiva de obtener una cabal y más esmerada recepción del *Quijote* en la Italia del periodo. A colmar, aunque parcialmente, esta laguna, se halla orientada la recuperación y publicación de esta breve pieza de derivación quijotesca —en edición bilingüe, como la precedente edición de *Don Quijote en Venecia*, de G. Baretti (2023), para esta misma colección—, redactada en 1752 para ser representada en la ciudad toscana de Siena con ocasión de las celebraciones del carnaval de ese año. Nuevas aproximaciones y un estudio concienzudo de estas recreaciones, atendiendo a los procesos de asimilación y apropiación —e inversión— de motivos y recursos cervantinos, señalados y abordados en otras ocasiones (Quinziano 2008a: 145-148; 2016 y 2018), pueden ofrecernos nuevas e insospechadas reencarnaciones del caballero andante, ampliando los horizontes de la recepción del *Quijote* —y de su afamada dupla— en la Italia del periodo.

2

La pareja don Quijote-Nerina: adaptaciones y problemas de autoría (Mariani, Corsetti, Martini, Franchini)

A lo largo de la primera mitad de la centuria va difundiéndose en el teatro italiano la presencia del personaje cervantino como protagonista en torno al cual gira la comicidad de la trama, insertándose por lo general en breves piezas para el drama musical, de acentuado carácter satírico y burlesco. Estas piezas, en muchos aspectos, son sin duda deudoras de los artificios y recursos dramáticos que había popularizado la *commedia all'improvvisa*, incorporando en no pocas ocasiones algunas de las máscaras italianas más afamadas, como el Dottore boloñés, Galafrone o el mayormente célebre Arlecchino, la popular máscara bergamasca. Un ejemplo significativo nos lo ofrece la comedia *Don Chisciotte ovvero Un pazzo guarisce un'altro* (Siena, 1698) del toscano Girolamo Gigli,[14] donde un Arlecchino Pagnotta —en sustitución de Sancho— personifica al escudero del caballero manchego. De este modo, como se ha indicado acertadamente, es posible percibir en la elaboración de estos libretos para el drama musical

> la presencia de una pequeña y colateral trama cómica, protagonizada por personajes de baja condición social, algo muy frecuente no solo en el *dramma per musica*, sino en la dramaturgia teatral del siglo XVII. Y aquí es donde aparece por primera vez el Ingenioso Hidalgo, entre otros personajes

---

[14] Aunque la obra fue publicada en 1698, en su reciente edición crítica, Elena Marcello anticipa su datación a algo más de una década, situándola hacia 1687, cuando tuvo lugar el primer *allestimento* de la pieza, como atestigua un programa de ese año, conservado en la Biblioteca Apostólica Romana (Marcello 2016: 16).

secundarios como pajes, criados, pastores, viudas y nodrizas, generalmente con una participación ocasional en la acción [...]. Posiblemente, la lectura en clave cómica de la novela (generalizada en Europa, como se puede apreciar en las continuaciones realizadas en Francia o Inglaterra) propicia la aparición de don Quijote en este tipo de escenas, pero indica también la popularidad y la penetración que ya había conseguido el personaje en Italia cuando esto sucede (Presas 2015: 195).

La pareja cervantina, así como determinados temas y episodios de la genial novela, se convierten, pues, en recursos esenciales para la escenificación de bailes y piezas de tipo festivo y burlesco en los tablados europeos. Para el caso de la figura del protagonista cervantino, Martínez Mata (2019: 99-100) nos recuerda que

la apariencia ridícula que le proporciona Cervantes en su texto, con indicaciones de gran potencia plástica (la bacía del barbero, la celada reconstruida con cartón, la armadura mohosa y recompuesta), ocasiona por sí sola la risa, lo que explicaría la abundante presencia de don Quijote (solo o acompañado de Sancho e, incluso, de otros personajes de la novela) en toda clase de fiestas y mascaradas populares o universitarias. Los lectores del *Quijote* en el siglo xvii asociaban claramente la figura de don Quijote al ridículo y a la risa.

La presencia en las culturas receptoras, Francia e Italia de modo especial, de arquetipos próximos a la dupla cervantina sin duda facilitó esta penetración y difusión de temas, personajes y motivos de clara inspiración quijotesca en las tablas. En cierto modo tanto don Quijote como Sancho reflejaban modelos cercanos a la tradición popular literaria de ambas culturas hespéricas. Mientras Sancho se aproximaba a la tradición de Marcoul, «el campesino grosero y sabio al mismo tiempo» («le paysan grossier et sage en même temps»; Dalla Valle 1979: 435), el modelo del caballero andante podía ser asimilado al modelo del soldado fanfarrón y presentaba claras concomitancias con determinados tipos y máscaras, vigorosamente arraigados en la propia tradición popular dramática italiana, como el capitán de la *commedia dell'arte,* aunque —de manera consciente o inconsciente— en el proceso de gestación del perfil del hidalgo alocado es más que probable que Cervantes haya tenido en cuenta el modelo que le proporcionaba Ganassa, la popular *maschera* italiana asociada al «Gracioso», el siervo cómico (Sito Alba 1983: 14; Riley 2000: 60).

Al componer para el teatro musical a partir de una obra literaria, el libretista tiene que llevar adelante diversas estrategias con el fin de adaptar su texto a las expectativas culturales del público al que la pieza va destinada, operando las oportunas modificaciones también en relación con el cambio de género del texto literario al operístico. La lectura interpretativa en clave cómica y satírica de la afamada novela influyó sin duda en la construcción estereotipada del perfil en el que se insertan y son presentados los personajes quijotescos en los escenarios italianos en el dieciocho, empezando por el caballero andante.

Don Chisciotte nella selva di Alcina (1752), de evidentes resonancias ariostescas, constituye un ejemplo significativo de la vigencia de esta vertiente cómica y paródica en el drama musical en los años centrales del siglo, en la que personajes y motivos cervantinos se insertan en contextos asentados de la tradición caballeresca italiana, reelaborados con propósitos cómico-grotescos. El libreto de esta breve farsa, inmerso en la feliz estación de las recreaciones de inspiración cervantina que había abierto a finales del XVII el toscano Girolamo Gigli

(1660-1720), sube al escenario en el Seminario Archiepiscopal San Giorgio de Siena, la ciudad del autor de *Un pazzo guarisce un'altro*, para ser representada por los seminaristas con ocasión de las celebraciones de los carnavales de 1752.

La mayoría de las recreaciones cervantinas a lo largo del *Settecento* suben a las tablas en estas festividades, prosiguiendo una tendencia ya asentada en el siglo precedente con las farsas y mascaradas quijotescas (Arellano 2005, Martínez Mata 2019). Así sucede, por ejemplo, con las dos recreaciones para el teatro musical más relevantes del primer tercio de la centuria, la ópera *Don Chisciotte in Sierra Morena* (1719) y *Don Chisciotte in corte della duchessa* (1727). Estas piezas musicales, al igual que los bailes, farsas, mascaradas y otras modalidades teatrales breves, tanto en España como en Italia, en efecto, solían representarse coincidiendo con las festividades populares de las carnestolendas, desplegando un sinfín de situaciones —de carácter cómico y burlesco— que proyectaban sobre las tablas la inversión de valores y de preceptos asentados.

Las recreaciones de derivación quijotesca, asociadas al ambiente festivo y carnavalesco, en efecto, encuentran en el *Settecento* un espacio privilegiado en el teatro musical, en especial en el melodrama. Abundan las farsas y piezas para el drama musical en las que la reelaboración de sus tramas se halla ambientada o asociada directamente a este mundo festivo, burlesco y carnavalesco: un ejemplo emblemático de ello nos lo ofrece otro *intermezzo* de esos mismos años centrales del siglo, *Don Chisciotte in Venezia* de Giuseppe Baretti, en el que es posible reconocer a un don Quijote anacrónico y forastero, inmerso en el popular carnaval veneciano, compartiendo escenario y situaciones cómicas y burlescas, junto a titiriteros, acróbatas y payasos, magas y hadas (Fido 1977; Quinziano 2016:

121-127, 2020).[15] Los dramaturgos percibieron, en efecto, no solo la potencialidad cómica de la pareja cervantina, sino las connotaciones carnavalescas —junto al lenguaje— presentes en la genial novela (Redondo 1989: 96), pudiéndose establecer en no pocas ocasiones una asociación directa entre estas recreaciones de inspiración cervantina y el microcosmos carnavalesco: al fin y al cabo, como ha indicado acertadamente Redondo, don Quijote y su escudero formaban «una pareja típicamente carnavalesca» (1989: 93; ver también al respecto Zoppi 2017: 22-72).

El libreto del intermedio sienés publicado por los tipos de la imprenta de Francesco Quinza y Agostino Bindi, dos libreros muy activos de Siena,[16] no especifica en la portada su autor, habiendo atribuido la autoría quien estas páginas escribe (Quinziano 2016, 2018) —siguiendo al bien informado Luigi de Angelis (1824, I: 259-260) y a Carlo Muzzarelli (1834, I: 198) en la indispensable *Biografia degli Italiani Illustri* de Di Tipaldo— a Francesco Corsetti (1710?-1774), sacerdote y rector del Seminario Archiepiscopal de San Giorgio de Siena.[17] Por su

---

[15] El *intermezzo* de Baretti, cuya trama se desenvuelve en los carnavales de la ciudad lagunar, como hemos señalado, «constituye una cantata a dos voces, centrada en el dueto entre Don Chisciotte y la astróloga Trevisana, en la que abundan los engaños y las burlas del caballero andante, erigido en figura caricaturesca y de escarnio» (Quinziano 2016: 123). Recientemente hemos publicado en la colección del GREC la edición bilingüe del texto barettiano, a la que se remite: Quinziano (2023).

[16] Quinza y Bindi fueron dos asociados libreros en los años centrales de la centuria, habiendo publicado, entre otros textos significativos, una traducción del *Julio César* de Shakespeare (*Giulio Cesarere*; trad. D. Valentini, 1756) y algunas piezas de Girolamo Gigli, como su comedia *Il Gorgoleo, ovvero Il governatore dell'isole natanti* (1753).

[17] La iglesia dedicada a San Giorgio había sido erigida a finales del siglo XI, en 1081; en 1586 el templo comenzó a hospedar la Congregazione dei Sacri Chiodi, fundada por el venerable sienés Matteo Guerra (1538-1601). Formada por laicos y sacerdotes seculares y modelada según el espíritu del Oratorio de San Filippo Neri, tenía como finalidad la

parte, la partitura ha sido atribuida a Francesco Franchini (ca. 1707-1757; C. Gianturco 1980: 774), maestro de capilla de la Opera di S. Maria in Provenzano. Sin embargo, han sido localizados otros dos *intermezzi* precedentes —*Nerina e Don Chisciotto* (Nápoles, 1734) y *Don Chisciotte* (Bolonia, 1746)— centrados en el mismo motivo ariostesco y basados siempre en el dueto y la contraposición entre Nerina y don Quijote. La existencia de estas dos breves piezas, habiendo corroborado, después de un atento cotejo, que los tres *intermezzi* constituyen en verdad variantes de un mismo texto, pone en discusión la autoría de ambos autores —libretista y compositor— por lo que atañe a la breve pieza sienesa —de modo más evidente la de Corsetti como libretista—, echando por tierra la supuesta originalidad del texto sienés.

La atribución de la partitura al sienés Franchini admite menos dudas respecto al autor del libreto, aunque no debería descartarse por completo que el compositor de *Don Chisciotte nella selva di Alcina,* como a continuación se abordará, fuese en verdad Giovanni Battista Martini (1706–1784),[18] acreditado

---

disciplina penitencial de sus miembros y la formación teológica de los sacerdotes. En 1666 el papa sienés Alessandro VII (1599-1667) suprimió la congregación, traspasando la iglesia y sus términos al Seminario Archiepiscopal de la ciudad. El templo románico sufrió una profunda remodelación estética en los primeros decenios del XVIII, entre 1731 y 1738, cuando el arquitecto tesinés Gian Pietro Cremona le confirió su actual aspecto (Sangalli 2003).

[18] Giovanni Battista Martini, «excelente historiador y maestro», en palabras del crítico Pietro Napoli Signorelli (1813, X, 2.ª parte: 227), conocido como padre Martini, célebre compositor y musicólogo, fue el mayor exponente de la escuela musical boloñesa. Miembro de la orden de los franciscanos, reconocido por su talento musical, escritor teatral, compositor de música sacra y teórico insigne, fue examinador del joven Wolfgang Amadeus Mozart, a quien ayudó a pasar su examen de ingreso en la Academia Filarmónica. Llegó a mantener correspondencia con personajes importantes de la época, como Jean-Phillipe Rameau, Giuseppe Tartini y Quantz, entre otros. Autor de

musicólogo y compositor del precedente *intermezzo Don Chisciotte,* estrenado en Bolonia en 1746, estrechamente emparentado con la pieza musical de Siena. Sin descartar esta atribución a Martini, como es posible corroborar en la base de datos Corago —identificando la *contrascena* toscana con el *intermezzo* boloñés de 1746—,[19] otros investigadores atribuyen la autoría de la breve pieza musical al compositor Franchini. Estos últimos, en primer lugar Carolyn Gianturco (1980: 774), apoyan su opinión en la existencia del manuscrito autógrafo de la partitura *Don Chisciotte e Nerina* —con toda probabilidad título primigenio asignado, antes de su representación en el seminario y similar al de la primera versión de libreto (1734)—, en la que aparece la firma del compositor sienés.

Carla Papandrea, siguiendo los pasos de Gianturco, opina que la partitura «es composición teatral *original* y obra de madurez» de Franchini («è composizione teatrale *originale* e opera della maturitá»; 1998, cursiva nuestra). El manuscrito atestiguaría, en efecto, a Franchini como compositor de la breve pieza en cuestión. Era común que un libreto fuese reelaborado o adaptado, al representarse en ciudades o ámbitos diversos (representaciones palaciegas, teatros urbanos, ámbitos religiosos, etc.), con el propósito de adecuarse a finalidades y públicos diversos, como ejemplifica por demás el pasaje de la pieza musical de derivación quijotesca de Nápoles (compositor F. Feo) a

---

una *Storia della Musica* en tres tomos, publicados entre 1757 y 1781, compuso numerosas piezas musicales, entre las que se cuentan *La Dirindina, Il maestro di musica* y *L'impresario delle Canarie*; véase Busi (1891) y, entre otros títulos más recientes, Pompilio (ed. 1987).

[19] La ficha bibliográfica de *Don Chisciotte nella selva di Alcina* en la indispensable base de datos Corago, de la Universidad de Bolonia, asigna, con reservas, la autoría de la partitura a Martini y atribuye sin duda alguna la autoría del libreto al romano Tommaso Mariani, considerando que el *intermezzo* de Bolonia y el de Siena hacen referencia a un mismo texto: http://corago.unibo.it/libretto/0000985730.

Bolonia (compositor G. B. Martini). Por tanto, la reelaboración musical de un texto, como la farsa quijotesca, que ya había sido escenificado en otras ciudades, en este caso a cargo de Franchini, parece ser la explicación que más se ajusta a la realidad.

Es posible, pues, que la partitura del *intermezzo* boloñés de 1746, al igual que este último respecto al intermedio musical de 1734, haya sido revisada y adaptada también musicalmente para su representación en el seminario de Siena, en este caso por el organista y presbítero Franchini, vinculado a la escuela boloñesa de Martini. Lamentablemente no nos ha sido posible localizar ni obtener confirmación —por parte del archivo del citado seminario toscano, donde parece que se hallaba depositado el manuscrito autógrafo, ni demás reservorios religiosos y públicos de la provincia de Siena— sobre la existencia de este manuscrito. Aunque no nos es posible atestiguar con certeza al cien por cien que la partitura *Don Chisciotte e Nerina* corresponda al libreto representado en el seminario en 1752, el título del mismo, su año de composición —según los datos proporcionados por Gianturco y Papandrea— y la estrecha vinculación que Franchini mantuvo con el seminario nos lleva a considerar, con pocas sombras de dudas que, en efecto, el citado manuscrito constituye la partitura de la breve farsa, cuyo libreto —ya sea cuando se representó, o cuando fue impreso por los libreros Bindi y Quinza— modificó su título.

En su juventud el compositor sienés había abrazado los hábitos religiosos y a partir de 1698 inició sus estudios musicales centrados en la composición y el órgano, como discípulo de su tío Domenico Franchini (1658-1706), profesor en el Colegio Tolomei y maestro de capilla de la Opera di S. Maria in Provenzano. Domenico, a quien Francesco sucedió como *maestro di capella* de S. Maria in Provenzano, le proporcionó al joven organista una sólida formación musical, aproximándolo a las técnicas de la «escuela boloñesa», que tuvo en la basílica de San

Petronio de la ciudad de las torres su centro de irradiación y al citado Martini como uno de sus más acreditados referentes.[20] No menos importante fue la labor que ejerció en el campo docente, como profesor de los jóvenes de las familias nobles, en un ambiente en el que la música constituía un componente esencial en el proceso formativo de la juventud. Franchini compuso especialmente «piezas litúrgicas que se interpretarán en la iglesia de S. Maria in Provenzano, con notables resultados» («brani liturgici da eseguire nella chiesa di S. Maria in Provenzano, raggiungendo risultati degni di nota»), afirma su biógrafa Papandrea (1998).

Sobre la composición musical del *intermezzo* de Siena, Carolyn Gianturco (1980: 774) considera que «el sencillo estilo clásico temprano de Franchini se aplica aquí con feliz efecto, produciendo un sonido vivaz y radiante, con vivos contrastes, que se adecuan plenamente al tema cómico»,[21] al tiempo que reconoce en la misma elementos estilísticos postpergolesianos: «su *Quijote* evoca los personajes típicos de los intermezzos del período post-Pergolesi» («his *Don Quisciotte* calls for the typical characters of the post-Pergolesi intermezzos»).

---

[20] Entre sus obras musicales pueden recordarse *Introito per la festa della Ss. Vergine di Loreto, a quattro, a cappella con violini* (1722); *Maria Mater Gratiae, per alto solo con ripieni, altra a quattro pieno e breve* (1726); *Maria Mater Gratiae, Letanie e Tantum ergo, a due cori* (1729); *Maria Mater Gratiae, a quattro ed organo* (1729); *Sacerdotes Domini, offertorio a quattro pieno* (1729); *Oratorio, Le vergini sagge* (1736); *Responsa hebdomadae maioris quatuor vocibus concinenda equiti Octavio Sansedonio insignis collegiatae in Provenzano rectori a quattro voci, con violone e trombone* (1738); *Lauda Sion, a quattro, con due violini ed organo* (1755); *Veni Sancte Spiritus, a quattro, pieni* (1755); en su mayoría conservadas en la Musikabteilung della Deutsche Staatsbibliothek, de Berlín (ver Papandrea 1998).

[21] «Franchini's simple early Classical style is applied here with good effect, producing a bright, lively sound, with dynamic contrasts apt to the comic subject».

No debe perderse de vista que el *intermezzo* sienés se representó en ámbito sacro, por lo que ello puede explicar que, respecto a las dos versiones precedentes, el libreto propusiese ahondar en la finalidad didáctica y moralizadora, centrándose en la crítica a la avaricia y a la ambición por la obtención de riquezas, así como en el rechazo a lo material en el sentido más amplio. Aunque estamos hablando de una pieza musical para ser representada en ámbito religioso, Arnaldo Bonaventura (1913: 284-285) recuerda que la breve pieza llegó a representarse allende las fronteras de Italia, en la ciudad de Lisboa, afirmando que el organista sienés, quien conoció y mantuvo lazos de amistad con el gran Metastasio desde 1730, era en aquellos tiempos, años centrales del XVIII, un compositor conocido y respetado en gran parte de Europa.

Mayores dudas abriga, sin embargo, la autoría del libreto de la pieza de Siena. Aunque en otro lugar hemos atribuido la misma al teólogo y dramaturgo Francesco Corsetti (2016: 128-129; 2018: 202-203), apoyándonos en las afirmaciones del acreditado profesor y crítico sienés De Angelis (1824, I: 259-260) y Muzzarelli (1834: 198), dicha autoría debe ser, cuanto menos, matizada. La existencia de los dos *intermezzi* que desconocíamos, el napolitano (1734) y el boloñés (1746), cuyo libretista es el dramaturgo de origen romano Tommaso Mariani (ca. 1700-ca. 1750), y un atento cotejo de ellos —ambos de indudables reminiscencias ariostescas y centrados en el caballero manchego, presentado con perfiles caricaturescos, y Nerina como contrapunto e interlocutora— ponen en discusión la originalidad de la pieza toscana, pudiéndose concebir en todo caso el texto representado en el seminario de Siena como una adaptación o reelaboración, con variantes, de estas dos citadas farsas musicales.

Prolífico autor de piezas cómicas para el teatro musical y muy activo en los últimos tres lustros de la primera mitad del siglo en la ciudad de Nápoles, donde, según Napoli Signorelli,

se educó y formó (en G. Hardie 2002), Mariani ha sido consi-
derado uno de los tres principales libretistas de la Nápoles de
los primeros decenios del XVIII (Scherillo 1917: 194). El literato
romano es autor de óperas serias, como el drama musical *Il
castello d'Atlante* (1734), inspirado en dos episodios del *Orlando furioso* (1532, cantos VI y VII), de Ludovico Ariosto, y de
numerosas obras de carácter cómico —*intermezzi* y óperas cómicas— para el teatro musical.[22] Una de sus últimas piezas, *Il
baron della tracciola* (1736), con música de Giovanni Fischetti,
está basada en la obra de Molière *George Dandin ou le Mari
confondu*.[23] Sin embargo, es sin duda su *intermezzo La conta-
dina astuta*, de 1734 (ed. crítica de G. Lazarevich, en *Complete
works*, VI, Nueva York-Milán, 1991), hoy más conocido como
Livietta e Tracollo, con música del célebre Giovanni Pergolesi, su obra mayormente conocida. Esta breve pieza, basada en
«una sucesión de *topoi* típicos del género: disfraces, engaños,
distorsiones lingüísticas, chistes farsescos» *(«sequela di topoi* ti-
pici del genere: travestimenti, inganni, storpiature linguistiche,
lazzi farseschi»; Toscani 2015), al entrar en el repertorio de las
compañías itinerantes de cómicos, acabó siendo ampliamente
representada en los escenarios europeos hasta pasados los años

---

[22] Entre otros títulos, la mayoría de ellos centrados en la ciudad de Nápoles y sus habitantes, se recuerdan los libretos de los dramas musicales e
intermezzi Lo conte di Sgrignano (1729), *L'impresario di teatro* (1731), *La
furba e lo sciocco* (1731), *La franchezza delle donne* (1734), *Il finto pazzo
per amore* (1735), *L'inganno felice* (1739) y dos *intermezzi*, con composición de Pergolesi (existe edición del siglo pasado: Milán, Riccordi,
1932). Muchos de estos libretos pueden consultarse en la base de datos
virtual Corago.

[23] El libreto era una refundición de la pieza del comediógrafo francés,
ya representada siete años antes (1729), «modificada en un episodio y
acrecentada notablemente en la parte que se refiere al fingido amante»
(«cambiata in un suo episodio ed accresciuta notabilmente nella parte
dell'amante affettato»), al tiempo que fue reescrita totalmente en lengua italiana (Scherillo 1917: 197-198).

centrales de la centuria; incluso Carlo Goldoni, quien mostró interés hacia el texto del autor romano, basándose en el mismo, publicó dos *intermezzi*: *Il finto pazzo* (Venecia, 1741) y *Amor fa l'uomo cieco* (Génova, 1742).[24]

Muy activo en la ciudad de Nápoles entre finales de los años veinte e inicios de los años cuarenta de la centuria, sus obras no han sido especialmente apreciadas por la crítica, habiendo observado Scherillo que sus piezas no presentan «nada original, ni vivo, ni atractivo» («niente di originale, o di vivo o attraente»; 1917: 194). Aunque algunos de estos libretos fueron redactados en dialecto napolitano, a diferencia de los libretistas procedentes de la ciudad partenopea, y a pesar de haber residido por largos años en Nápoles, no privilegió en sus piezas el uso de ese dialecto. La crítica ha puesto en discusión el dominio del mismo por parte del libretista (Scherillo 1917: 195); su utilización en algunos diálogos parece haber sido en verdad una elección obligada con el fin de satisfacer más los gustos del público y garantizarse que los directores de teatro le comprasen sus libretos y no una decisión que reconocía las potencialidades cómicas y artísticas que exhibía el habla partenopea. Su *Nerina e Don Chisciotto* es un ejemplo de ello: es posible hallar una mayor presencia de galicismos respecto a vocablos o expresiones propias del habla napolitana. Este hecho, sumado a que más de la mitad de sus comedias y libretos se hallan ambientados en otras ciudades de la península, como Pisa, Pistoia o Roma, sin

---

[24] La presencia y recepción de las libretos de Mariani en los escenarios españoles, sin embargo, parece ser que más bien fue limitada: en todo caso González Ludueña (2023: 78) da cuenta de un manuscrito (BHM, Tea 1-161-39) fechado en 1747 «con varias piezas breves [...] en el que se encuentra un "intermedio cantado" de Cañizares titulado *La viuda y el doctor*, que parece tratarse de una adaptación del *intermezzo* en dos actos *La vedova ingegnosa* (1741), con libreto de Tommaso Mariani y cuya partitura de Giuseppe Maria Orlandini llegaría a la corte española, pues la poseyó Bárbara de Braganza».

duda facilitó que sus piezas traspasasen el ámbito napolitano y subiesen a otros escenarios de la península, con una preferencia, como sucede con su recreación cervantina, por los tablados del centro de Italia, en especial en la Toscana (Pisa, Pistoia, Florencia y Siena).

No cabe duda alguna de que este primer libreto de Mariani (*NC*), publicado en 1734, constituye el texto base y de él derivan, refundidos o adaptados, los sucesivos *intermezzi* (1746, 1752 e incluso la recreación florentina a la que luego se aludirá, de 1762). Si se acepta el criterio amplio de autoría asentado en la centuria, en el que, como práctica habitual, no pocos escritores, modificando por lo general el título, copiaban y refundían piezas precedentes, incorporando —ya sean leves o de mayor calado— cambios y variantes o bien adaptando textos a otros subgéneros dramáticos para adecuarlos al nuevo público, no es del todo erróneo atribuir el libreto sienés a Corsetti, quien habría adaptado y refundido los textos precedentes para que fuesen representados por los jóvenes religiosos del seminario toscano. Formado en el Seminario Archiepiscopal de San Giorgio de su ciudad natal y sucesivamente rector del mismo por varios años, es muy probable que el religioso toscano haya acometido la adaptación del texto de Mariani, en particular la versión más próxima, que se había representado en la ciudad de Bolonia, introduciendo algunas modificaciones, como la eliminación de algunos versos para sustituirlos por otros, y añadiendo varios más, en especial en los diálogos finales. Al mismo tiempo se empeñó en reducir —o directamente eliminar— varias referencias didascálicas, con el fin de dotar al texto de mayor agilidad, insistiendo en su finalidad moralizadora (ver aparato crítico: pp. 162-163). No debe perderse de vista que el *intermezzo* se representó en ámbito sacro; no sorprende, por tanto, respecto a las dos versiones precedentes, que el libreto sienés se propusiese ahondar en esta vertiente didáctico-moralizadora, al centrarse en la crítica a la avaricia y la obtención de riquezas, así como en el rechazo al mundo material en su sentido más amplio.

Corsetti, oriundo de Siena y religioso de amplia cultura, se había formado en el Seminario Archiepiscopal de la ciudad toscana, donde había realizado sus cursos de Teología, Bellas Letras y Filosofía. Una vez abrazados los hábitos eclesiásticos, puede leerse en la *Biografía* de Di Tipaldo (1834, I: 197),[25] que Corsetti obtuvo la licenciatura en Teología [y...] se matriculó en el Colegio Teológico de la ciudad en 1726. Sucesivamente —desde 1728 y por casi medio siglo, hasta su muerte en 1772— se desempeñó como rector del seminario en el que se había educado y había sido ordenado sacerdote. Miembro de diversas academias literarias y culturales de prestigio —como la Arcadia romana, la de Querini, la de Fisiocritici y Rozzi, esta última de su ciudad natal—, fue además traductor de textos y autores clásicos, así como autor de diversos libretos para dramas musicales (De Angelis 1824, I: 258-261).

En su haber destacan principalmente sus traducciones de las *Odas*, las *Epístolas* y *Sátiras* de Horacio, publicadas con su nombre arcádico de Oresbio Agieo; obras en las que revela un perfecto dominio de la lengua latina y amplio conocimiento de la cultura clásica. En su biografía Mazzurelli recuerda que el ingenio del prestigioso Clementino Vannetti «habla ampliamente de nuestro autor en sus *Osservazioni indirizzate a Giovanni Fabroni sopra le sue versioni delle 'Odi' di Orazio,* así como en las *Osservazioni indirizzate a Bettinelli sopra le satire ed epistole*» del ilustre poeta latino (en Di Tipaldo 1834, I: 198).[26] Su

---

[25] La ficha biográfica. dedicada al autor toscano pertenece a C. Muzzarelli (en Di Tipaldo 1834, I: 197-199); en general reproduce la lista de obras ya apuntadas por De Angelis unos años antes (1824, I: 258-261).

[26] «Parla assai diffusamente del nostro autore nelle sue *Osservazioni indirizzate a Giovanni Fabroni sopra le sue versioni delle 'Odi' di Orazio,* siccome nelle altre indirizzate a Bettinelli sopra le satire ed epistole».

discípulo Antonio Borgognini (1753-1810), quien, a su memoria, le dedicó una elegía en latín, escribió que el autor sienés «a la decencia de las costumbres y las virtudes de la religión, aunaba una verdadera doctrina y un conocimiento minucioso de la literatura latina e italiana» («alla purezza del costume e della religione, riuniva vera dottrina e non pedantesca letteratura latina ed italiana»; en De Angelis 1824, I: 163).

Es muy posible que su aproximación al mundo literario cervantino haya llegado a través de la privilegiada relación que entabló con quien fuera su profesor de Letras, el afamado comediógrafo sienés Gigli, autor —como ha se ha indicado— de varias piezas teatrales de clara derivación quijotesca dominadas, como anota Spera (2000) por «el uso del elemento novelesco y la sátira de la caballería» («l'uso dell'elemento romanzesco e la satira della cavalleria»). Gigli, cuya mente «estaba siempre en ebullición de nuevas ideas, totalmente imaginarias» («bolliva sempre di nuove cose totalmente immaginari»; De Angelis 1824, I: 326), constituye un punto de referencia inestimable para Corsetti, pudiéndose reconocer su influjo en la vertiente cómica y burlesca que caracteriza algunos de sus libretos para piezas musicales. Desde esta perspectiva, el *intermezzo* cervantino de 1752 se insertaba en la afamada corriente cómico-farsesca, cuya cima en aquellos decenios representó Gigli y que dominó los escenarios toscanos a caballo de entre siglos. Como manifestación de esta profunda admiración hacia el célebre comediógrafo, Corsetti, con su nombre arcádico Oresbio Agieo, acabaría publicando una elogiosa biografía dedicada al maestro (Corsetti, 1746).[27]

---

[27] Oresbio Agieo [F. Corsetti], *La vita di G. G., sanese* (Corsetti 1746); sobre Gigli un buen retrato de su actividad teatral y un listado de su obra pueden consultarse De Angelis (1824, I: 323-334) y Spera (2000); para la comedia de derivación cervantina *L'Amore fra gli impossibili*, veáse Marcello (2007: 265-273).

En este último campo, el del teatro musical, pueden recordarse algunas piezas de carácter sacro, como la *Cantata a due voci* en honor a la Inmaculada María (1731) o la *Nemíaa* (1747), composición dramática representada también en el seminario sienés de San Giorgio y, al igual que su *Don Chisciotte*, editada por los libreros Quinza y Bindi. En la Biblioteca Comunale de Siena se halla depositado un manuscrito autógrafo del autor que recoge diversas composiciones poéticas suyas: en su primera sección (c. 2r-17r) pueden leerse una serie de panegíricos sacros, odas y canciones anacreónticas y epitalámicas, mientras la segunda sección reúne algunos sonetos y ditirambos, tragedias —entre otras *L'Alzira* e *Il varone tiranno di Siracusa*— y composiciones dramáticas para el teatro musical, sobre todo dramas y cantatas para música (c. 29r-95r), cuyo elenco registró también De Angelis (1824, I: 260-261); lamentablemente, entre estos papeles no se halla presente el autógrafo de la transposición cervantina.

Se ha aludido antes a la lectura interpretativa del *Quijote* en clave cómica y satírica que, prosiguiendo la vertiente de las recreaciones del xvii, se impuso a lo largo del *Settecento*. Esta recepción sin duda influyó en la construcción estereotipada del perfil en el que se insertan y se presentan los personajes quijotescos en los escenarios italianos, empezando por el del caballero andante. Las comedias y farsas de inspiración cervantina que lleva a los escenarios el sienés Gigli en los últimos lustros del siglo xvii confirman esta predilección hacia las farsas y el drama musical en las que el caballero manchego constituye el protagonista en torno al cual gira la comicidad, muchas veces devenida en burla grotesca. Sobre Corsetti inciden sin duda los modelos quijotescos que había plasmado el dramaturgo de Siena en sus recreaciones para la comedia y el drama musical a finales del xvii. La explosiva comicidad que habían revelado los libretos de Gigli, en especial sus recreaciones cervantinas

—*Il Lodovico Pio* (Siena, 1687), el drama para música *Amore fra gl'impossibili* (Roma, 1693) y la ya aludida comedia *Un pazzo guarisce l'altro, o Don Chisciotte* (Siena, 1698), sátira del amor platónico, anclada en el gusto barroco y articulada en torno a la proliferación de metáforas portentosas (Marcello 2016 y 2007: 262-265)—, constituye un punto de referencia para Corsetti, quien acentúa algunos rasgos privativos de la comicidad al desplazarla hacia el terreno de lo caricaturesco en su adaptación de la pieza de Mariani.

Su admiración hacia el autor de *Un pazzo guarisce l'altro*, quien había sido su profesor de Bellas Letras en la Universidad de Siena (De Angelis 1824, I: 258), queda sintetizada en estas palabras finales con las que cierra la biografía que le dedicará a su maestro: «era Gigli una persona muy afable con todos, sincero de corazón y liberal, promotor de los estudios en el seno de la juventud […]; hombre erudito, prudente, desinteresado, de ideas elevadas y majestuosas, de excelente gusto en las letras, mordaz en las sátiras y censor, especialmente, de la hipocresía» (Corsetti 1746: 47).[28]

Corsetti señala en su biografía las recreaciones cervantinas del maestro. Al aludir al drama *Amore fra gli impossibili*, recuerda que Gigli «había sido llamado a Roma por la duquesa de Zagarola», para quien había compuesto la pieza, «drama que acabaría representándose con sumo deleite en su palacio, donde el autor permaneció algunos meses, tratado con extrema cortesía» (1746: 15).[29] Sobre *Il Don Chisciotte, ovvero Un pazzo*

---

[28] «Era il Gigli affabilissimo con tutti, sincero di cuore e liberale, promotore degli studi nella gioventù […], erudito, prudente, disinteressato, di grandiose idee, di ottimo gusto nelle lettere, mordace nelle satire, e persecutore specialmente dell'ipocresia».

[29] «Era stato chiamato a Roma dalla Duchessa di Zagarola» para quien había compuesto la pieza, «dramma che fu con piacere universale rappresentato nel di lei Palazzo, dove l'autore dimorò alquanti mesi, trattato cortesemente».

guarisce l'altro, «comedia en prosa extremamente ridícula, representada en Roma, Florencia y Siena» («commedia in prosa assai ridicola, recitata in Roma, in Fiorenza e in Siena»), recuerda que había sido compuesta «para entretener honradamente al embajador Lavardina de Francia, y [se había representado] luego en Mantua y en la Corte de Viena por orden del emperador José» («per dare onesto divertimento all' Ambasciatrice Lavardina di Francia, ed in Mantova e poi alla Corte di Vienna per ordine dell' Imperatore Giuseppe»; 1746: 7).

Corsetti destaca la innegable vitalidad que exhibía la tradición cómica en la ciudad toscana, a caballo entre los siglos XVII y XVIII, deudora principalmente de las destrezas artísticas que había ostentado Gigli. Este había abierto nuevos cauces en la comedia en los últimos decenios del XVII en el campo del teatro cómico, acercándolo, junto a sus contemporáneos G. B. Fagiuoli (1660-1742) y Jacopo Nelli (1673-1767), al «género de caracteres» (Marcello 2007: 262). El sienés abrió sin duda nuevos horizontes en el campo de la comicidad escénica, afianzando la vertiente grotesca en los escenarios toscanos, en la que Corsetti se afirma como digno heredero siguiendo sus pasos en los años centrales de la centuria.[30] El autor de *Gli amori fra gl'impossibili* fue uno de los primeros dramaturgos en percibir la extraordinaria potencialidad que ostentaba el personaje cervantino para su aprovechamiento en las tablas en clave cómico-grotesca, asimilándola a una de las máscaras de la *commedia all'improvvisa,* y abriendo de este modo el camino del éxito del caballero manchego en el seno del drama musical del XVIII,

---

[30] Sobre el teatro de Gigli véase Binni (1968) y en su relación con los otros dos dramaturgos toscanos de su generación al minucioso estudio de Altieri Biagi (1965); para las piezas de tema cervantino de Gigli, se remite al sugestivo apartado «In Italia: la follia allo specchio nei libretti del Gigli», en Fido (2000), así como al estudio de Marcello sobre *L'Amore fra gli impossibile* (2007) y la introducción a su reciente edición crítica de *Un pazzo guarisce un'altro* (Marcello 2016: 19-25).

desde los *intermezzi* hasta la *opera buffa* (Marcello 2007: 262 y 2016: 19).

Sorprende el hecho de que Corsetti, familiarizado con las transposiciones y recreaciones de derivación quijotesca de finales del xvii e inicios del xviii de su maestro, optase por reelaborar un libreto de un autor no vinculado directamente a la tradición cómica de su ciudad, como Mariani, en lugar de refundir alguna de las piezas del comediógrafo sienés o bien redactar un propio texto. Es probable que las urgencias por llevar a las tablas una pieza musical con ocasión de la celebración de los carnavales, como práctica dentro de las actividades y de la labor didáctica del seminario que dirigía, haya motivado la elección de refundir y adaptar un libreto —el de Mariani— que no solo exhibía cierta presencia ya en los escenarios italianos del periodo, sino que le ofrecía temas y situaciones para desplegar sus propósitos didáctico-moralizadores en su adecuación al ámbito sacro.

3

Recreaciones de tema ariostesco. El libreto y sus variantes
en los escenarios del *Settecento:* de Nápoles a Siena

Como comentábamos arriba, *Don Chisciotte nella selva di Alcina* confirma no solo que la pieza representa una innegable
adaptación de temas y situaciones del *Orlando furioso* (ed. de-
finitiva 1532), en cuyas coordenadas temáticas y espaciales se
inserta un don Quijote alejado del modelo original cervantino
—cobarde, egoísta y encaminado a la inacción—, sino que el
texto constituye una refundición, con modificaciones de limi-
tado calado, de otros dos libretos redactados previamente por
el napolitano Mariani. La primera versión, *Nerina e Don Chisciotto, intermezzo* en dos actos,[31] con partitura de Francesco Feo
(1691-1761),[32] se había representado en el teatro San Bartolomeo

---

[31] Es posible consultar el libreto de este *intermezzo* junto con el melodrama *Il castello d'Atlante* en varios repositorios, entre ellos, el de la
Biblioteca Nazionale Centrale de Roma (ref.: 35.7.B.24.04), la Maru-
celliana de Florencia (ref.: *Melodrammi:* Mel.2201.05), en la Bruxelles
Conservatoire Royal Bibliothèque-Koninklijk Conservatorium, Bi-
bliotheek (ref: 19584); el ejemplar depositado en la biblioteca nacional
romana se halla digitalizado en Google Books: https://books.google.
it/books?vid=IBNR:CR102028276 .

[32] El napolitano Feo, con apenas veintidós años, alcanzó fama en 1713
con la ópera *L'amor tirannico.* Fue profesor del conservatorio de San
Onofrio entre 1723 y 1739 y del de los Poveri di Gesù Cristo entre 1739
y 1743. Entre otras composiciones suyas, se recuerdan las serenatas
Oreste e *Il Polinice,* estrenadas en Madrid en 1738. Es autor también,
junto al gran Metastasio, de dos dramas musicales: *Siface, re di Nu-
midia* (basado en *La forza della virtù* de D. David; 1723, Nápoles) y la
ópera seria *L'Issipile* (1733). En 1726 había redactado la partitura de otro
intermezzo de derivación cervantina, *Don Chisciotte della Mancia e
Coriandolo speziale* (Roma, Mainardi, ed. 1726), cuyo libreto se halla
depositado en la Biblioteca Centrale Nazionale de Roma (signatura:
MISC VAL.697.22); ver http://corago.unibo.it/opera/0000376104 .

de Nápoles en julio de 1734, mientras que el segundo eslabón, *Don Chisciotte*, había subido a los escenarios de la ciudad de Bolonia en 1746, con partitura del acreditado musicólogo Martini. Existe un indiscutible hilo de continuidad entre estos tres textos que —hasta lo que sabemos— se representaron en tres ciudades distintas —Nápoles, Bolonia y Siena— en la primera mitad del *Settecento,* entre 1734 y 1752. Estas piezas no solo corroboran la vigencia de personajes y motivos provenientes del afamado poema ariostesco, adaptados a las tablas para el teatro musical y reelaborados en clave cómico-grotesca sobre el modelo de la *commedia all'improvvisa*, sino también la elección de la pareja don Quijote/Nerina como protagonistas privilegiados de estas recreaciones cervantinas del periodo.[33]

El *intermezzo* en dos actos *Nerina e Don Chisciotto,* de algo más de trescientos versos, subió al escenario de San Bartolomeo de Nápoles como parte de la función que tuvo como pieza central el *dramma per musica,* también sobre tema de Ariosto, *Il castello d'Atlante,* con libreto del mismo Tommaso Mariani, y composición, en este caso, de Leonardo Leo (1694-1744; ver Piovano 1906). En la portada de la edición impresa puede leerse que el drama musical se halla dedicado a su majestad: «Carlo di Borbone, infante di Spagna, duca di Parma, Piacenza, Castro ecc. gran principe di Toscana, ecc. e Re di Napoli». El *intermezzo* se centra en una sucesión de duetos y arias a cargo de don Quijote y Nerina, maga y criada de Alcina en el poema de Ariosto. *Nerina e Don Chisciotto* constituye la pieza de la que derivan las sucesivas recreaciones, tanto el *intermezzo* representado en Bolonia en 1746, como la posterior reescritura sienesa de 1752. En el drama *Il castello d'Atlante,* como pieza central de la representación partenopea, participan Alcina,

---

[33] Para mayor información y acceso a estas recreaciones cervantinas para el teatro musical, de resonancias ariostescas, se remite a la utilísima base de datos Corago, de la Universidad de Bolonia.

Ruggero, Bradamante, el mago Atlante y Melissa y recrea el afamado episodio ariostesco del castillo encantado, símbolo de la alegoría del destino (*Orlando furioso*, XII, 1-37).[34] Para completar la función se intercalan en los entreactos las dos partes del *intermezzo* cervantino, del mismo Mariani, en el que Alcina actúa como eslabón de unión entre ambas piezas musicales, sirviéndose el autor del caballero manchego como interlocutor de la maga para introducir, a veces lindantes con la vertiente grotesca que roza lo caricaturesco, los rasgos de comicidad —verbal y no verbal— que actúan como contrapunto del *dramma musicale*.

El libreto napolitano presenta ya los componentes centrales sobre los que se asientan los sucesivos *intermezzi* de tema ariostesco: erige a Nerina y don Quijote como protagonistas de duetos y recitativos,[35] introduce el duelo del caballero con la criada de Alcina, que evoca el duelo tassiano de Tancredi y Clorinda (Refini 2007: 329),[36] y su sucesivo apresamiento junto

---

[34] El episodio del castillo encantado de Atlante de Carena representa una metáfora de la vida misma de los hombres, concebida como la eterna búsqueda de lo inalcanzable; el palacio puede ser interpretado asimismo como símbolo de la corte, al ser un ambiente cerrado que tiende a aislar al individuo de la realidad que lo circunda. Según la concepción de vida que guía al autor italiano, los hombres dilapidan inútilmente sus energías detrás de sus deseos y pasiones, que suelen ser a menudo solamente vanas ilusiones.

[35] Un *intermezzo* más tardío, representado en Florencia en 1762, incorpora a Sancho como tercera voz, asumiendo muchos pasajes y situaciones cómicas y grotescas que en los libretos precedentes habían sido asignadas a un don Quijote pusilánime y cobarde: *Il Don Chisciotte. Intermezzo per musica a tre voci* (anónimo), Florencia, Libreria Anton G. Pagani, 1762.

[36] Como se ha observado (Refini 2007: 329, nota 19), en el duelo entre el caballero manchego y Nerina se percibe el influjo del episodio de Tasso (*Jerusalén liberada*; XII, 52-62, 64-58), refundido por Claudio Monteverdi en su *Combattimento di Tancredi e Clorinda*: «Tancredo, a quien Clorinda un hombre estima, / quiere ponerla a prueba en el arte

a Sancho. Asimismo, exhibe los espacios de la floresta y la gruta de Alcina como ámbitos espaciales en los que se desarrolla la trama,[37] al tiempo que incluye el tema de la búsqueda del tesoro, que a su vez se halla asociado a los motivos del anillo —que remite al anillo mágico ariostesco de Bradamante— y la estatua viviente. La pieza partenopea consta de dos actos, de 146 versos el primero y 163 el último, con un total de unos 309 versos. Respecto a las dos sucesivas versiones, ostenta un menor número de versos, aunque es más preciso y más detallista y extenso que aquellas en cuanto a las indicaciones y referencias didascálicas.[38]

Unos años más tarde, en 1746, sube a las tablas de la ciudad de Bolonia el *intermezzo Don Chisciotte*. El libreto es nuevamente de Tommaso Mariani, quien acomete algunas modificaciones respecto a su versión precedente, en especial en lo que se refiere a las acotaciones escénicas, mientras que la partitura corresponde al acreditado musicólogo Emiliano Giovan Battista

---

de las armas» («Tancredi che Clorinda un uomo stima / vuol ne l'armi provarla al paragone»; en *Madrigali guerrieri et amorosi*, Venecia, A. Vincenzi, 1638, p. 19).

[37] En estos diversos *intermezzi* que configuran el eslabón que unen los libretos de tema ariostesco, Alcina no aparece sobre el escenario y, por tanto, don Quijote no se enfrenta directamente a ella, aunque su presencia y sobre todo su territorio constituyen artificios centrales sobre los que se organizan estas recreaciones quijotescas del *Settecento*. A este respecto véase el iluminador estudio de Eugenio Refini (2007).

[38] En algunas ocasiones incluso las didascalias de la primigenia versión desparecen en las sucesivas refundiciones; aquí solo un par de ejemplos significativos: 1) «*(A Sancio che gli fa imbracciar lo scudo e denudandoli la spada, glie la pone in mano, animandolo)*. «Che pretendi, che vuoi...?» (1734); «Or bene, che pretendi, che vuoi?» (1746); «*(A Sancio)*. Oh bene, / che pretendi, che vuoi?» (1752). 2) «Ti dico il vero, / ti vorrei più vicina. / Ecco ti sono accanto / *(Il vaso si trasforma un Gigante e Don Chisciotte cade a terra per paura)*» (1734); «Ti dico il vero, / ti vorrei più vicina... / Ecco, ti sono accanto» (1746); «Vi dico il vero, / vi vorrei più vicina. / Ecco, ti sono accanto» (1752).

Martini.[39] Están presentes todos los motivos ya mencionados que habían caracterizado el *intermezzo* napolitano. Consta también de dos actos con un total de 318 versos, y se distancia levemente del libreto precedente solo por la supresión de una porción importante de las didascalias y la sustitución de voces arcaicas o procedentes del dialecto napolitano para adaptar la pieza al público del centro de la península, así como por la eliminación de los vocablos galos y francesismos (*chevalier/cavalier; chesche sè. Nemici!/Cos´è nemici?*), en ocasiones con valor cómico, sustituidos por expresiones o sinónimos de la lengua toscana. Si en *Nerina e Don Chisciotto* puede leerse: «Che vulè vu? / Ma tet, ma vie, mon chior, / pranè, pranè, tru d'onur», en la recreación boloñesa la expresión es sustituida por «Mi faccia pure / tutto il peggio, che può; / che senza risentirmi il soffrirò». Existen algunas excepciones («Ecoutez; morbleù diabl», 1734; «Ecuté, morblù diabl!», 1746; «Madame!»), pero en general estas modificaciones, que reducen y sustituyen las expresiones francesas o los galicismos, se respetan en el *intermezzo* de Siena.

El manuscrito de la partitura de Martini se halla depositado en el Museo Internazionale e Biblioteca della Musica de Bolonia,[40] pero no ha sido posible acceder al mismo, habiéndose

---

[39] La partitura en foma manuscrita de esta recreación cervantina se halla depositada en el Museo Internazionale e Biblioteca della Musica, de Bologna, con la signatura HH.37. Es posible acceder a la videograbación de una reciente representación que tuvo lugar en Teatro Comunale di Bologna: Giovan Battista Martini, *Il maestro di musica. Don Chisciotte*, dir. Federico Ferri, regia di Gabriele Marchesini, Accademia degli Astrusi, Freiburg/Deutsche Harmonia Mundi, 2011 (Ver Refini, 2007: 329, nota 19).

[40] Es posible acceder al cuadernillo manuscrito digitalizado (signatura: HH.37, carta 68-104) a través de la base de datos Corago «*Azione teatrale a tre…*»: http://corago.unibo.it/libretto/0001429714. El citado cuadernillo incluye la partitura de otros cuatro *intermezzi* de G. B. Martini: *Azione teatrale, La Dirindina, L'impresario delle Canarie* y *El maestro di musica.*

cotejado el texto de la partitura con una reciente copia mecano-grafiada del libreto realizada a mediados de los años cincuenta del siglo pasado.[41] Respecto a la pieza estrenada en Nápoles en 1734 destaca la voluntad de Mariani por reducir o eliminar directamente algunas de las acotaciones y didascalias de su precedente libreto napolitano, cambios que —en su mayoría— pasarán luego al texto de *Don Chisciotte nella selva di Alcina*.

El tercer eslabón de esta serie de *intermezzi* centrados en el caballero manchego y Nerina, la breve pieza de Siena, regis-tra pocos cambios respecto al texto precedente: presenta ma-yor semejanza con éste respecto a la primera versión de julio de 1734, ya que mantiene muchas de las sustituciones y de los añadidos que exhibe el *intermezzo* de Bolonia.[42] Ahora bien, si este último había eliminado en su título la referencia a la criada, centrándose en el caballero andante, *Don Chisciotte nella selva di Alcina* privilegia en su título la conexión con el tema ariostesco al resaltar el territorio de Alcina, una de las tres magas hermanas del *Orlando furioso*, como espacio pri-vilegiado en que transcurre la trama. Al ser concebida ahora para su representación en ámbito sacro, se acentúa su fina-lidad moralizadora e instructiva: tiende a buscar soluciones para una mayor economía narrativa en algunos diálogos, al tiempo que se añaden algunos versos, más de una docena, al final, en los últimos diálogos cantados, a partir de los vv. 319-320 (ver aparato crítico; pp. 162-163). En efecto, el *intermezzo* de Mariani, refundido por Corsetti con estos añadidos, ofrece una extensión algo mayor, alcanzando los 332 versos, al tiempo

---

[41] Depositado en el Museo Internazionale e Biblioteca della Musica de Bolonia con la referencia *Lo.09488*; acceso en línea a través de la base datos Corago: http://corago.unibo.it/libretto/0001086839 .

[42] De tal modo que en la base de datos Corago, el *intermezzo* de Siena y el boloñés de Mariani y Martini son concebidos como la misma pieza musical, aunque se diferencien sus títulos.

que este tercer eslabón del tema de Nerina y don Quijote mantiene la mayor parte de las modificaciones ya acometidas en el precedente texto de 1756, aunque elimina algunas didascalias presentes en este. Si en el libreto de Mariani (1734 y 1746) se percibe una mayor atención a enfatizar la cobardía e inacción del personaje cervantino, en las modificaciones que opera Corsetti unos años más tarde, sobre todo en los últimos versos, se acentúan la vileza y el perfil alocado como señas de identidad (ver apartado crítico, pp. 161-163).

Hasta lo que se ha podido indagar, debe señalarse la existencia de otro intermedio musical, posterior al adaptado por Corsetti, *Il Don Chisciotte* (Florencia, 1762) —pieza que prosigue esta vertiente farsesca de resonancias ariostescas centrada en el caballero andante y la criada de Alcina—, ambientado también en un paraje boscoso con gruta. Sin embargo, en este caso, al ser un *intermezzo a tre voci,* respecto a los precedentes, destaca el añadido de Sancho como personaje con plena autonomía en los diálogos cantados. En esta pieza se recuperan varias de las arias y situaciones presentes en el primigenio *intermezzo* napolitano, aunque al incluir una tercera voz incorpora nuevos diálogos y situaciones. Al añadirse al escudero manchego como tercera voz, este asume en varios pasajes de la breve pieza las situaciones cómicas y grotescas que en los precedentes libretos habían sido asignadas a un don Quijote pusilánime y cobarde. Desconocemos tanto al autor del texto como a su compositor; según indica su portada, este *intermezzo* se representó en el teatro florentino del Cocomero con ocasión de los carnavales de 1762.

En resumen, el hilo de sucesión de los *intermezzi* cervantinos, de temas ariostescos, a lo largo de la centuria, que organizan los diversos eslabones centrados en el dueto Nerina/don Quijote, con ligeras variantes, puede resumirse de este modo:

Nerina e Don Chisciotto (Nápoles, 1734) (*N*)
  Intermezzo en dos actos (309 versos)
  Libreto: Tommaso Mariani
  Partitura: Leonardo Leo
  Don Chisciotto; Nerina; Sancio (sin diálogo)

Don Chisciotte (Bolonia, 1746) (*DC*)
  Intermezzo a due voci en dos partes (318 versos)
  Libreto: Tommaso Mariani
  Partitura: Gian Battista Martini
  Don Chisciotto; Nerina; Sancio (sin diálogo)

* *Don Chisciotte nella selva di Alcina* (Siena, 1752) (*A*)
  *Contrascena per music*a en dos partes (332 versos)
  Libreto: Francesco Corsetti [atribuido a] (adaptación de
  DC de T. Mariani)
  Partitura: Francesco Franchini
  Don Chisciotto; Nerina; Sancio (sin diálogo)

* *Il Don Chisciotte* (Florencia, 1762)
  Intermezzo a tre voci
  Libreto: anónimo
  Partitura: anónimo
  Don Chisciotto; Nerina; Sancio

Las diferencias de la versión representada en el seminario sienés respecto a los *intermezzi* precedentes no son relevantes, pues se puede confirmar que los diversos libretos citados, más allá de los cambios de títulos —práctica común en las adaptaciones o reelaboraciones teatrales del periodo—, constituyen eslabones distintos de un mismo texto primigenio (Nápoles 1734), cuya autoría va asignada al napolitano Mariani. Respecto al libreto del intermedio musical que se representó en ámbito sacro en el Seminario Archiepiscopal de Siena —del que se ofrece en estas páginas su edición crítica bilingüe—, el texto fue reelaborado y adaptado con leves modificaciones y el añadido de algo más de una docena versos por el religioso Corsetti, con el propósito de acentuar su finalidad moralizadora y subrayar, además de la cobardía y vileza como rasgos distintivos del caballero manchego, el tema de la locura, en la que el *intermezzo*, siguiendo la vertiente de la locura caballeresca de su maestro Gigli y presente también en los textos de Mariani, insiste —como verdadero *leitmotiv*— a lo largo del texto refundido.

4

Don Quijote en la floresta de Alcina: folclore y tradición caballeresca

Los *intermezzi* —vocablo italiano que significa literalmente 'interludios'— eran breves espectáculos dramático-musicales de carácter cómico que reconocen su génesis en el xvii y que se organizaban en torno a duetos, recitativos y arias.[43] Como se ha observado con razón (Esquival-Heineman 2007: 176), constituyen un eslabón clave hacia la evolución y configuración de la ópera bufa, nuevo género operístico que atraviesa todo el xviii y que reconocerá su fase de mayor esplendor a finales de la centuria, gracias a la actividad de dos grandes compositores de la escuela napolitana, Giovanni Paisiello y Domenico Cimarosa. Estas breves piezas, que hacia mediados del *Settecento* hablan de un género bien asentado en el teatro musical de Italia, solían representarse en los entreactos de los espectáculos de mayor duración. Es verdad que en la portada puede leerse: «contrascene per musica cantata a due voci»; sin embargo, el género de las *contrascene* puede concebirse como contiguo al *intermezzo*, ya que respeta las mismas características que exhibían las dos precedentes piezas musicales, de las que bebe la farsa de Siena. Debe recordarse que las *contrascene per musica* eran, en efecto, episodios cómicos intercalados en las óperas serias a finales del xvii y primeros decenios del setecientos, que refieren de una acción escénica recitada en silencio por uno o más actores mientras actúan y hablan los demás personajes principales o bien una escena en que uno o más personajes responden con gestos a otro personaje, como complemento a

---

[43] Para el presente y el siguiente apartado se han tenido en cuenta especialmente las consideraciones que vertebran dos estudios míos sobre la pieza musical sienesa: Quinziano (2016 y 2018).

la escena principal y exprimiendo los sentimientos en función del diálogo y el sentido de la escena que se recita (*Treccani*).

La breve pieza dramático-musical, una *cantata a due voci* articulada en torno a la alternancia de las arias *da capo,* con recitativos bufos y algún dúo ocasional, revela en efecto la intervención de solo dos personajes: Don Chisciotte (bajo) y Nerina (soprano), personificada con toda probabilidad por un joven seminarista, a quien travestirían. A ellos se añaden los movimientos escénicos y gestuales de Sancho, quien no participa en los diálogos cantados. Con su presencia, sus gestos y movimientos en el escenario, el escudero actúa como complemento del caballero manchego, siendo receptor de sus confesiones, indicaciones y mandatos. En todo caso, el término *contrascene* resultaba ya arcaico hacia mediados del XVIII, cuando se redacta la farsa musical; en esos años ya ha nacido la ópera bufa, mientras que los *intermezzi* iban desapareciendo gradualmente de los escenarios de la península. Debe considerarse que Siena, desde el punto de vista musical, era una ciudad periférica, por lo que no sorprende que a mediados del XVIII se conserven aún referencias a términos, géneros o subgéneros musicales ya en desuso. Por demás es muy probable que la alusión en la portada al subgénero de las *contrascene per musica* haga referencia más bien a un artificio léxico con el propósito de evitar el uso del término teatral *intermezzo* o *farsa,* poco propicio para una representación esencialmente sacra en un seminario, si bien es evidente que la misma, de todos modos, exhibía un mínimo aparato escénico (Quinziano 2016: 128-129).

Estas recreaciones cervantinas para el drama musical italiano solían combinar la presencia de personajes procedentes de la literatura pastoril (Nerina) con aquellos provenientes de la tradición caballeresca peninsular (Alcina). Nerina, personaje protagónico en muchas de estas recreaciones cervantinas, alude a la pastora del afamado drama pastoril *Aminta* (1573) de Torquato Tasso.[44] Etimológicamente, el nombre procede del homónimo nombre latino, que a su vez deriva de la figura mitológica griega Nereide, hermosa ninfa marina de las Nereidas, hija del benévolo dios del mar Nereo y una de las divinidades más antiguas del panteón helénico.

Por su parte, Alcina (del griego *alkínoos*, 'espíritu fuerte') hace referencia a una de las tres hermanas hechiceras —las otras dos son Morgana y Logistilla— que aparece en el *Orlando furioso,* erigiéndose en protagonista del episodio que ocupa los cantos VI-VIII del poema del estense. En cierto modo la maga se halla emparentada con la Circe homérica, puesto que Ruggiero, al igual que Ulises en la isla de Circe, cae víctima de los encantos de la hechicera italiana, quien —del mismo modo que la maga de la *Odisea*— posee la facultad de metamorfosear en plantas o animales a los enamorados que no le son agraciados, como es el caso del Astolfo ariostesco.

El drama musical recreó a lo largo del siglo XVII y la primera mitad del XVIII en diversas ocasiones el episodio ariostesco

---

[44] Se recuerda que, alentada por un nutrido grupo de intelectuales españoles que frecuentó al poeta italiano, entre otros, Cristóbal de Mesa y Cristóbal de Virués, la obra de Tasso gozó de una fortuna prácticamente inmediata en España; en dicha perspectiva el autor sorrentino logró imponerse como modelo de poesía heroica, sustituyendo al *Orlando furioso* de Ariosto, hasta entonces el poema caballeresco de mayor influencia del género. Su *Aminta* fue volcada en 1607 al español por Juan de Jáuregui, quien había pasado su juventud en Roma; versión que fue considerada como la mejor traducción de la lengua italiana en su época. Cervantes dejó testimonio en su novela del aprecio del que gozaba la virtuosa versión española: «[…] van los dos famosos traductores: el uno, el doctor Cristóbal [Suárez] de Figueroa, en su *Pastor Fido*, y el otro, don Juan de Jáuregui, en su *Aminta*, donde felizmente ponen en duda cuál es la traducción o cuál el original» (*Quijote*, II, 62, p. 504). Sobre Tasso, cuya teoría literaria influyó en el *Persiles*, en el autor alcalaíno, véase Eisenberg (1991), mientras que, en una perspectiva más amplia, centrada en la presencia y recepción del gran poeta pastoril y épico en las letras hipánicas, véanse Fucilla (1961), Arce (1973) y Lasso de la Vega (1985).

de la maga-hechicera, cuya presencia en los escenarios italianos puede registrarse tempranamente (Bartoletti 2014). Refini, al abordar los orígenes de las reescrituras referidas al episodio ariostesco para el drama musical, enfatiza que

> aunque Ariosto no se explaya en su poema sobre los soni-dos armoniosos de la isla, Alcina obtuvo cierta repercusión en los escenarios musicales de la Europa del *ancien régime*. Como ha sido observado por los estudiosos, fue la conta-minación del personaje femenino con la Armida de Tasso lo que determinó su gran fortuna desde los mismos inicios del teatro de la ópera (2007: 327).[45]

El inicio de esta importante presencia de motivos ariostes-cos en la ópera italiana se remonta a febrero de 1625, cuando en la florentina Villa Medicea del Poggio Imperiale se representa la ópera cómica *La liberazione di Ruggiero dall'isola d'Alcina*, pieza musical en cuatro escenas, con música de Francesca Cac-cini y libreto de Ferdinando Saracinelli. Esta obra constituye un ejemplo de la recién mencionada *contaminación* de los dos modelos, la Alcina ariostesca y la Armida de Tasso, la hechicera sarracena de la *Jerusalén liberada*, a la que envían a detener a los cruzados cristianos y que se halla asociada a la fuerza y atracción del canto.[46] A partir de entonces es posible reconocer

---

[45] «Nonostante che Ariosto non si dilunghi sulle armonie e sui "con-centi" dell'isola, Alcina ebbe un certo seguito sulle scene musicali dell'Europa d'ancien régime. Come osservato dagli studiosi, fu la contaminazione del personaggio con quello dell'Armida di Tasso a determinarne la grande fortuna sin dagli esordi del teatro d'opera».

[46] A este respecto, al referirse a la ópera cómica representada en Poggio Imperiale, Refini (2007: 328) anota que «la historia es la de Ariosto, pero la caracterización de Alcina —con una sirena como compañera— se basa principalmente en el texto de Tasso. Del mismo modo, *L'isola di Alcina*, de Fulvio Testi, libreto musicalizado por dos compositores

una sucesión, sin solución de continuidad, de piezas de reminiscencias ariostescas centradas en el motivo de la maga en las reescrituras para el teatro musical peninsular. Estas recreaciones pueden exhibir a veces la presencia de Nerina, otro personaje tassiano, en este caso de la *Aminta*, e incluso la ausencia misma de la maga en la escena, a la que solo se alude, como en el *intermezzo* que nos ocupa.

Si desplazamos la atención al *Settecento*, este itinerario que sanciona la presencia —y fortuna— de la encantadora del *Orlando furioso* en las tablas italianas (Bertoletti 2014: 689-724) se halla moldeado, por citar tres textos claves de la primera mitad de la centuria, por el drama *Alcina delusa da Ruggero* (1725), libreto de Antonio Marchi y música de Tomaso Albinoni; el *Orlando furioso* (1727), composición de Antonio Vivaldi y libreto de Grazio Braccioli; y *L'isola di Alcina,* que en 1728 redactó Ricardo Broschi y sobre el cual George F. Händel, años más tarde, habría de componer la partitura de su célebre ópera en tres actos *Alcina* (1735) (Buch, 2008: 366-367).[47] Sin duda, el

---

como Segismundo de India y Francisco Sacrati, hace de la contaminación entre las dos figuras su rasgo distintivo» («la vicenda è quella di Ariosto, ma la caratterizzazione di Alcina —con tanto di sirena al seguito— è basata principalmente sul testo di Tasso. Similmente, *L'isola di Alcina* di Fulvio Testi, libretto messo in musica da compositori come Sigismondo d'India e Francesco Sacrati, fa della contaminazione tra le due figure il proprio tratto distintivo»).

[47] El libreto de la ópera de Händel, a partir del que había redactado unos años antes Broschi, fue adaptado ahora por Antonio Fanzaglia. Sobre la protagonista de la ópera de Händel, que subió en escena en el Covent Garden de la capital inglesa en 1735, Refini (2007: 328) la describe como una «hechicera dotada de poderes extraordinarios, una cantante encantadora y, finalmente, una mujer abandonada, que revela una condición de anhelo patético que hace que su voz sea aún más poderosa y cautivadora» («maga dai poteri straordinari, cantante incantatrice e, infine, donna abbandonata, condizione di struggimento patetico che rende la sua vocalità ancor più potente e ammaliante»). Este itinerario que certifica la fortuna del episodio del poema ariostesco en el teatro

poder sugestivo y los elementos sobrenaturales presentes influyeron en esta inclinación que exhiben los libretistas en privilegiar el episodio de la maga Alcina, recreando el poema de Ariosto en diversas piezas musicales, ya sea para erigirlo como un ejemplo de alegoría moral, ya sea para contrastar los mágicos designios de la encantadora hechicera, o bien para evidenciar cómo ante el poder seductor de la fuerza lujuriosa uno puede dominar sus propios instintos naturales.

Engaños, espejismos, deformaciones, ilusiones, transfiguraciones y mutaciones, conjuntamente con el fértil condimento del sensual encantamiento de la belleza femenina de la maga Alcina (Refini 2007: 326), todos ellos eslabones presentes en el episodio ariostesco centrado en el tema de la locura y el tema amoroso, se afirman como valiosos materiales de los que echan mano los libretistas y compositores italianos en sus recreaciones para el drama musical. Y en esa búsqueda, por asociación y proximidad, no sorprende la incorporación del caballero andante cervantino como protagonista en diversas reescrituras inspiradas directa o indirectamente en el episodio del autor estense. En efecto, la maga Alcina, personaje muy presente en los escenarios del *Settecento* de la península, debido a su estrecha vinculación con el género caballeresco, es aprovechada por los libretistas italianos para plasmar también reescrituras y adaptaciones de temas procedentes del *Quijote*. En este cruce de motivos ariostescos y cervantinos germinan nuevas recreaciones de personajes y motivos privativos de ambos modelos caballerescos, confiriendo nuevas y sugestivas posibilidades

---

musical del *Settecento* se cierra con el drama para música *L'isola di Alcina* (1772), con música de Giuseppe Gazzaniga y libreto de Giovanni Bertati y la farsa *L'isola incantata,* del compositor napolitano Giacomo Cordella. El libreto de esta última farsa, que permanece anónimo, reconoce una filiación directa con el texto de Bertati: la breve pieza musical se representó en el napolitano Teatro Nuovo sopra Toledo en 1809 (ver Refini 2007: 330-339).

artísticas, al moldear asombrosos perfiles del héroe cervantino distanciados del que había trazado Cervantes y sobre quien en ocasiones los autores italianos recargan las tintas por lo que atañe a los componentes satíricos y paródicos (Quinziano 2008: 145-148; 2023: 66-79). Un ejemplo emblemático de ello, del que nos hemos ocupado recientemente (Quinziano 2020 y 2023), lo ofrece el mencionado intermedio barettiano *Don Chisciotte in Venezia*, redactado en los mismos años centrales de la centuria que la farsa sienesa para ser representado también en ocasión de las fiestas de los carnavales, aunque en este caso fuera del ámbito sacro.[48]

Como es bien sabido, el *Quijote* se halla salpicado por múltiples motivos, tópicos y situaciones procedentes de la vertiente literaria caballeresca italiana. Cervantes asimiló motivos, tradiciones y personajes de las fuentes de las que bebió, constituyendo la cultura italiana un eslabón clave en el proceso de elaboración de la genial novela. En tal sentido, atendiendo sobre todo a los estímulos estéticos y a los conocidos influjos de Tasso, Boccaccio, Sannazaro y, de modo especial, del *Orlando furioso* de Ariosto, la crítica ha insistido en las innegables afinidades que exhibe la novela de Cervantes con el bagaje cultural italiano humanista y renacentista, poniendo de realce las huellas y los motivos italianos que permean el *Quijote* y que el autor

---

[48] No son pocos los elementos que comparten ambos *intermezzi*, el barettiano y el sienés, entre otros: la fecha de redacción, casi simultánea, de mediados de la centuria; el subgénero musical; la recreación de temas y personajes cervantinos en clave burlesca, casi caricaturesca; el dueto de personajes (contrapunto de arias entre don Quijote —bajo— y personajes femeninos, Trevisana/Nerina —soprano—); carácter festivo rozando lo grotesco; dominio de ambiente carnavalesco y festivo; disfraces y travestismos; encantamientos, sortilegios, anacronismos, transmutaciones, elementos sobrenaturales, magas, hadas y encantadoras, recursos y artificios que entroncan con la comedia del arte, etc. A este respecto, para un estudio comparado de ambos *intermezzi*, el de Baretti y el sienés, véase Quinziano (2016).

manchego, quien leía perfectamente el italiano (Eisenberg 2001: 90), asimiló en sus años de juventud en la península, entre 1569 y 1575, en los que fue afirmando gustos y preferencias estéticas y literarias (Marone 1947, Meregalli 1989: 38-53, Eisenberg 1991 y 2001, Ruffinato 2001: 3-11 y 2019). Los citados autores italianos, sumados a Bembo, Petrarca, Guarini, Caporali y Pulci, entre otros, constituyen también fértiles lecturas que corroboran la entrañable relación, afectiva y cultural, que el gran alcalaíno entabló con la cultura humanista de Italia.[49] Ahora bien, como también ha observado la crítica, Cervantes de ningún modo se propuso imitar ni temática ni estilísticamente a Bocaccio, ni a Ariosto o Tasso, sino que asimiló este provechoso caudal de temas, referencias, ambientes y personajes dotando autónomamente su narrativa de una extraordinaria fuerza y técnica inventiva que acabaría trascendiendo la obra de todos ellos, al plasmar un modelo fuertemente polisémico de alcance universal.

En esta pieza de carácter farsesco los motivos cervantinos se hallan reelaborados a partir de códigos culturales plenamente identificados por el público italiano, empezando por el tema de la isla de Alcina —en el *intermezzo* sienés trocado en floresta—, de claras resonancias ariostescas y sólidamente enraizado en el folclore y en el imaginario colectivo de las regiones de la Italia central. La *selva*/floresta,[50] ambiente ampliamente

---

[49] Debe precisarse, como anota con razón Eisenberg (2001:89), que mientras Cervantes a Tasso no lo menciona expresamente en su gran novela, aludiendo al poema *Aminta* a través del elogio de la traducción de Jáuregui, sí cita expresamente el *Orlando furioso* en lengua italiana. El acreditado cervantista supone que el escritor alcalaíno poseía en su «biblioteca» un ejemplar, tanto en español como en italiano, del afamado poema caballeresco del autor emiliano.

[50] La cursiva para resaltar la acepción italiana de *selva* ('bosco, foresta' equivalente a *bosque*) y diferenciarla de la homónima voz castellana ('jungla', 'selva tropical'). A pesar de esta diferenciación semántica,

presente en la novela cervantina —y transitado por don Quijote
en sus aventuras (escenario del azotamiento de Andrés, I, 4 y
de la aventura de los batanes, I, 20, por recordar solo dos ejemplos)—, espacio aludido como laberinto, «selva tan intricada
que no aciertan a salir della en seis días» (*Quijote*, I, 50, p. 577)
o lugar habitado por «pastores de voces estremadas» (*Quijote*, I,
27, p. 328), constituye el ambiente central —de resonancia pastoril— en el que transcurre la trama de la breve pieza musical,
como por demás recalca el título de la pieza. La *selva* o floresta,
que sustituye la isla ariostesca, constituye también uno de los
espacios privilegiados de las recreaciones cervantinas del sienés
Gigli. En dicha perspectiva, y a modo de ejemplo, puede recordarse que la *selva* quijotesca constituye el trasfondo espacial de
una docena de escenas de *Un pazzo guarisce un'altro*:[51] así en el

---

tanto *selva* como *bosque* hacen referencia a un 'terreno extenso, in-
culto y muy poblado de árboles' (*DRAE*). Al traducir el vocablo italiano
selva, hemos optado por el término *floresta*, que además de exhibir la
misma acepción de los dos términos precedentes, evita todo equívoco
o confusión con el actual valor semántico en el español que significa
'selva tropical' o 'jungla', además de hallarse asociado especialmente al
mundo y al género de caballerías. Por otro lado, *floresta*, sumamente
presente en los libros de caballerías como ámbito privilegiado en que
tienen lugar las peripecias del héroe, cargado de aventuras, peligros
y maravillas, nos traslada a un espacio misterioso, salvaje, encantado, que son las señas de identidad del paraje en que transcurre el
intermezzo.

[51] Don Quijote dice en su parlamento de apertura del I acto (Gigli 2016
[1687]: 55): «[…] ahora [Sancho] serás testigo de una acción milagrosa
que envidiarán todos los caballeros andantes nacidos y posibles, que
será tema de poemas dedicados a las Musas, de trabajos marmóreos
cincelados y del que tomará su nombre esta selva, que quiero que a
partir de ahora se llame la selva donquijotesca» («[…] ora [Sancio]
sarai testimone di quella miracolosa azione alla quale porteranno in-
vidia tutti i cavalieri erranti nascituri e possibili, la quale sarà soggetti
di poemi alle Muse, di lavori marmorei alle scarpellini e dalla quale
prenderà il nome questa selva, che voglio da qui avanti si chiami la
selva donchisciottesca»).

primer acto, las 1 y 2 y 7-8; en el segundo, la escena 3 y las 15 y 16 y en el tercero, las dos primeras, la 5-7 y las 10 y 11.

Espacio recurrente en las aventuras que exhibe la literatura caballeresca, la *selva*/floresta se halla muy presente por demás en varias recreaciones quijotescas desde finales del XVII (como por ejemplo *Don Chisciotte della Mancia*, de Morosini, 1680), afirmándose como ambiente escenográfico privilegiado en varias piezas de inspiración cervantina a lo largo de la primera mitad del XVIII y algo más.[52] Como es sabido, las selvas misteriosas, junto a los lagos mágicos y los palacios encantados, constituyen lugares tópicos de la literatura pastoril, proporcionando esta vertiente, junto a la prestigiosa corriente caballeresca peninsular, temas, ambientes escénicos y personajes al repertorio de piezas para el teatro musical. «La floresta con su sentido ambivalente de atracción e inquietud, lugar de misterios malignos y de signos divinos; ámbito de la aventura, hecha de riesgo y de victoria, de miedos y de autoafirmación», recuerda Bognolo (1993: 68), proporciona también el espacio exterior por excelencia en que tienen lugar las peripecias de los protagonistas de los libros de caballerías. Por su parte, la *selva* en la literatura caballeresca italiana se hallaba asociada al tema de la locura, *leitmotiv* —junto al tema amoroso— en Ariosto: en dicha perspectiva, en el poema épico italiano, observa Güntert (1998: 273), «la propia metáfora de la selva, de origen horaciano, se convierte en un *análogon* de la locura».[53]

---

[52] Está presente, por ejemplo, en una de las reescrituras más significativas de los primeros decenios del *Settecento,* en las que son evidentes las alusiones y reminiscencias ariostescas, como *Don Chisciotte in Sierra Morena* (1722), de Francesco Conti («dioses rústicos de esta floresta»; «rustici dei di questa selva»; 2019: 52, v. 176).

[53] «Si los efectos son varios, la insensatez de que proceden es siempre la misma; es como una gran selva, en que forzosamente se extravían cuantos en ella penetran: ya suban o bajen, ya se dirijan a un lado, ya a otro, es siempre oscura» («Varii gli effetti son, ma la pazzia/ é tutt' una

Al privilegiar la incorporación de temáticas y tópicos de la literatura caballeresca peninsular, el libretista decide servirse del hidalgo manchego como personaje *transplantado* para el teatro musical, como protagonista indudablemente asociado, en clave cómico-burlesca por el público italiano al tema de la locura y el engaño amoroso. Se instaura de este modo un proceso de trasvase de ida y vuelta de temas y personajes que actúa en el trasfondo de una fértil simbiosis cultural entre ambas penínsulas.

España e Italia comparten por demás una asentada y brillante tradición literaria caballeresca, lo que facilitó sin duda que los adaptadores y autores de estas recreaciones cervantinas en los escenarios de la Italia del *Settecento* percibiesen la proximidad y familiaridad de algunos episodios y motivos del *Quijote* con la arraigada tradición caballeresca italiana y con la fórmula cómica que había fijado y popularizado en las tablas la cultura receptora y que remite a la comedia del arte, clave también, como se ha puesto de realce, en la gestación de la novela cervantina (Sito Alba 1983, entre otros). Innegable resulta la presencia de la literatura caballeresca italiana, en primer lugar Ariosto y de modo especial su *Orlando furioso,* en la obra de Cervantes, habiendo puesto en evidencia la crítica los motivos ariostescos[54] que permean el *Quijote* y que enlazan

---

pero, che li fa uscire. / Gli é come una gran selva, ove la via / conviene a forza a chi vi va, fallire: / chi su, chi giú, chi qua, chi lá travia»; *Orlando Furioso,* III, 24, p. 65.

[54] No se olvide que Cervantes, en boca del mismo don Quijote, confiesa haber leído al gran autor emiliano en su lengua toscana: «Yo —dijo don Quijote— sé algún tanto del toscano y me aprecio de cantar algunas estancias de Ariosto» (*Quijote*, II, 62, p. 503). La presencia y el influjo de motivos del afamado poema caballeresco en la gran novela cervantina hace referencia a un campo ampliamente transitado por la crítica; por razones de síntesis solo se remite al valioso texto de Hart (1989, en especial 39-54) y al más reciente e iluminador estudio de Ruffinato (2019); para una visión más amplia centrada en la influencia del autor

ambos textos. No se olvide que el caballero andante reconoce a Ariosto entre sus lecturas preferidas, valora su *Orlando* en el original italiano (*Quijote*, I, 6, p. 133)[55] y sin duda el tema amoroso, asociado al tópico de la locura, aproxima a ambos protagonistas. En los juegos poéticos con que Cervantes precede su gran novela, puede leerse el siguiente poema en clave irónica que el protagonista ariostesco dedica al caballero manchego, acomunados ambos por el tema de la locura:

Orlando soy, Quijote, que, perdido
Por Angélica, vi remotos mares,
Ofreciendo a la Fama en sus altares
Aquel valor que respetó el olvido.
No puedo ser tu igual; que este decoro
Se debe a tus *proezas* y a tu *fama*,
Puesto que, *como yo, perdiste el seso* (*Quijote*, I, 93).[56]

---

italiano en las letras hispánicas, se aconseja el perspicaz estudio de Macrì (1996).

[55] Cervantes se muestra sumamente crítico con la versión española del poema acometida por Jerónimo de Urrea, que vio la luz en Amberes en 1549: «si le hallo [a Ariosto] que habla en otra lengua que la suya, no le guardaré respeto, pero si habla en su idioma, le pondré sobre mi cabeza» (*Quijote*, I, 6, p. 133). El escritor alcalaíno cuestionaba el valor de las traducciones en modo más amplio, observando que los traductores, «por mucho cuidado que pongan y mucha habilidad que muestren, jamás llegarán al punto que ellos tienen en su primer nacimiento» (*Quijote*, I, 6, p. 133).

[56] Las cursivas son nuestras. Ahora bien, como anota Güntert (1998: 272), conviene precisar algunas diferencias: «don Quijote no es un segundo Orlando: su manía, entreverada de "lúcidos intervalos", comporta unas veleidades idealistas y una nobleza de ánimo inconcebibles en la mente de un loco furioso [al que se aproxima Orlando]. Aquí, [en el *Quijote*] la fe en la utopía restauradora confiere al protagonista loco una heroica grandeza que compensa las extravagancias y la ridiculez de su conducta; allí, el héroe medieval, todo él valor, cortesía y fe, pierde el seso ante la sola idea de infidelidad de su dama», advirtiendo que no

Aunque el poema épico de Ariosto constituyó, no cabe duda, uno de los posibles impulsos originadores de la novela cervantina,[57] no es posible establecer desde ya una relación equivalente, como si fuesen dos espejos, entre el Orlando ariostesco y el caballero manchego. En el primero se percibe la presencia del tema de la locura reflexiva, «esa locura poética entreverada de "lúcidos intervalos"» (Güntert 1998: 280) que permea todo el poema, mientras en la novela cervantina la locura solo se halla presente y se alimenta en el mundo interior del protagonista, actuando como vehículo para aproximarse y desentrañar la realidad circundante. Sin embargo, lo que importa es precisar que la recepción del perfil del personaje cervantino para el público italiano del *Settecento* era plenamente asimilable al del héroe del poeta estense, si bien su perfil se hallaba más degradado, erigiéndose en modelo para la elaboración de recreaciones teatrales que privilegian las tramas burlescas y caricaturescas.

De este modo, temas, motivos, personajes procedentes de la tradición caballeresca italiana, y de modo más evidente

---

le «convencen aquellos estudios que reducen la relación Ariosto vs. Cervantes a una simple comparación entre sus héroes, contraponiendo a la locura amorosa de Orlando la locura "literaria" de don Quijote».

[57] Los vasos comunicantes entre ambos autores han sido abordados ampliamente por la crítica; en una perspectiva más amplia Ruffinato (2019) ha explorado con agudeza la importancia de este diálogo intertextual entre Cervantes y el autor emiliano, no solo entre el *Orlando* y el *Quijote*, sino entre las «obras menores» de ambos. En dicha perspectiva recuerda que «es principalmente con Ariosto con quien Cervantes mantiene una relación muy estrecha perceptible en la materialidad de un diálogo […] que se desarrolla en un nivel de perfecta igualdad entre dos individuos que pueden calificarse (jakobsonianamente) de emisor y receptor [… y] que actúan basándose en un código común (el heroico, épicocaballeresco), y cuyos parámetros […] quedan sometidos a distintos procesos de transformación que se ponen en marcha en virtud de la ironía y de la parodia» (2001: 5).

asociados al universo literario del autor del *Orlando,* se incorporan a la novela cervantina. Sucesivamente, una vez que la genial novela de Cervantes echa a andar y traspasa los Alpes para llegar a Italia, la cultura receptora en cierto modo, reconociéndola próxima a su propia tradición literaria, la asimila como propia, reelaborándola en función de sus propios códigos culturales, principios estéticos y sus propósitos, en este caso proyectando, de modo más acusado, sus aspectos cómico-grotescos.

Conscientes de compartir un mismo estímulo cultural, al adaptar y recrear textos de inspiración cervantina, los autores italianos, en primer lugar los de mayor formación y calado cultural, como Gigli o Baretti, incorporan motivos del mundo caballeresco italiano en sus recreaciones quijotescas para el drama musical, en primer lugar alusiones a la isla —o gruta— de las magas de ambos Orlandos —*Orlando innamorato* (1486), de Boiardo, y su continuación, *Orlando furioso*— así como las hechiceras Alcina y su hermana, el hada Morgana:

D. Chisciotte   Non e'quella Città
                 Che cercando men vo di qua di là
                 Questa questa pur troppo
                 E'l'isola di Alcina
                 Che prigioniera tien la mia Regina (Baretti
                 [1752-53] 2023: 139).

La alusión a Alcina remite claramente al episodio de Ruggiero prisionero en la isla de la maga (*Orlando furioso,* I, canto VI, estrofas 16-81; canto VII, estrofas 1-33). Ariosto prosigue en su reputado poema la historia del *Orlando innamorato* de Boiardo, perfeccionando y llevando el género caballeresco a altas cimas artísticas, al tiempo que introduce el tema de la locura como novedad, aspecto que Cervantes explotará magistralmente como uno de los ejes temáticos centrales en el *Quijote*.

Como es bien notorio, las aventuras del Ruggiero italiano, raptado, cautivo y encantado, en la isla de Alcina y su relación amorosa con Bradamante constituyen el tercer núcleo temático del *Orlando* ariostesco, y son complementarias a las otras dos historias paralelas que se desarrollan: la guerra entre cristianos y sarracenos y el amor de Orlando hacia Angélica. El mago Atlante ha criado a Ruggiero, quien desconoce la identidad de sus padres. Para impedir que se cumpla la profecía, que indicaba que el joven caballero podría convertirse a la religión cristiana, Atlante lo encierra en castillos encantados y se propone también que permanezca prisionero de Alcina por algo más de un año. La isla se halla habitada por tres hadas: Alcina y Morgana, que representan el vicio, el envilecimiento y la impureza, y Logistilla, quien por el contrario encarna la virtud. Ruggiero, que muestra deseos de trasladarse al reino de Logistilla, es seducido por Alcina: el héroe logrará librarse solo gracias al amor y al arrojo de Bradamante, con quien finalmente acabará casándose, bajo la promesa de que antes de las nupcias se convertirá al cristianismo.

El folclore y la tradición oral fueron transmitiendo por generaciones la fábula de la Sibila, cuyas criadas (*fate scintillanti*) moraban en los Montes Sibilinos, en el Apenino central de las regiones de Umbría y las Marcas, entre su cima más alta, el Vettore, y el Monte de Sibila. La tradición recuerda que las hadas de la Sibila, cuando oscurecía, solían bajar de las grutas de ambos montes para danzar con jóvenes pastores de las comarcas vecinas para luego regresar de modo escrupuloso a sus refugios, antes de que amaneciese. El motivo de la isla de Alcina, ampliamente difundido en el campo de las letras y el folclore de la Italia del periodo, entroncaba también con otro célebre texto de las letras italianas precedente a Ariosto y Boiardo. Se trata de la novela de caballerías *Guerino Meschino*, de Andrea da Barbarino (aproximadamente 1410; 1.ª ed. 1473), quien introduce en su obra el tema legendario de la gruta encantada de Alcina (asociada al motivo de la Sibilla). Guerino, como el Ruggiero ariostesco, se halla en busca de la identidad de sus padres. Para ello se dirige a la encantadora Alcina (*Guerrino*, XXV-XXX, pp. 222-258), quien habitaba los montes próximos al pueblo de Norcia, en los Apeninos centrales de Umbría, en el actual Parque Nacional de los Montes Sibilinos.

Barberino incorpora, reelaborándola, la leyenda y presencia mitológica de la Sibilla de Norcia y de la famosa gruta que domina el Monte della Regina, erigida en territorio en el que imperan las fuerzas del vicio y del mal. La gruta de la Sibilla es concebida como boca del infierno y reino del inframundo, donde tienen lugar los encantamientos y las más insólitas metamorfosis. La maga Alcina se instala, no cabe duda, como personaje privilegiado en las tablas italianas, y de ella, por su estrecha vinculación con el género caballeresco, se echa mano en no pocas ocasiones para plasmar recreaciones y adaptaciones de tema cervantino para el teatro musical. En estas reescrituras resuenan los ecos de este inestimable caudal de nombres, escenarios, temas e historias legendarias que por siglos fueron abonando la tradición y el folclore italianos, y de los que Barberino, Boiardo y, especialmente, Ariosto, se nutrieron para plasmar con maestría artística obras claves de las letras italianas, concebidas justamente como elevadas expresiones del género caballeresco y las letras europeas. En *Don Chisciotte nella selva di Alcina* algunos motivos cervantinos, pues, son reelaborados a partir de códigos culturales plenamente identificados por el público italiano, como es el tema de la maga Alcina y el espacio boscoso en el que moraba, enraizado en el folclore y en el imaginario colectivo de las regiones de la Italia central, pudiéndose reconocer asimismo la presencia de otros aspectos del afamado poema caballeresco, como la cautividad del caballero (Ruggero/don Quijote) o el motivo del anillo mágico, instrumento que disipa los encantamientos y revela las semblanzas de la realidad.[58] No es solo una alusión más o tangencial, como es posible constatar en la farsa de Baretti, sino que ahora el territorio mágico y legendario de los Montes Sibilinos se erige en el espacio central en que transcurre la trama de los *intermezzi* napolitano, boloñés y toscano, insertándose al Caballero de la Triste Figura directamente en el espacio del mito, la leyenda y el folclore peninsular.

La leyenda de la gruta o isla deviene en la farsa sienesa una floresta frondosa. Poco importa, conviene aclarar, que la gruta/lago/isla haya trasmutado ahora en *selva*/floresta, puesto que el artificio —el episodio ariostesco de la maga Alcina y sus hadas, en su ámbito espacial, concebido como territorio en el que imperan el vicio, los encantamientos, el engaño y las metamorfosis— sigue ejerciendo sobre el imaginario del espectador toda su fascinación. No se olvide que la recreación quijotesca, adaptación de los dos libretos de Mariani, se imprime y se representa en Siena en los años centrales de la centuria: aunque la ciudad atraviesa una fase de decadencia económica y demográfica, puede vanagloriarse de contar aún con una estimable tradición cultural, soportada por una significativa y vivaz actividad teatral. Por otro lado, la ciudad se halla inmersa

---

[58] Mientras el *Orlando* ariostesco busca sin aliento a Angélica, cree divisar a un caballero con una dama prisionera, a quienes sigue hasta el maravilloso y encantado palacio del mago Atlante de Carena, quien, a través del engaño, a su vez ha atraído al héroe Ruggiero y otros paladines. En uno de los episodios más notorios del poema (I, canto VII, pp. 220-231) Ruggiero logra escapar, gracias a la ayuda de Melissa, metamorfoseada en el nigromante Atlante, y el anillo mágico que le había entregado Bradamante: el anillo posee el poder de disipar cualquier encantamiento y al mismo tiempo permite la revelación de la verdadera semblanza del hada maléfica (fea, desdentada, anciana).

en la región de los apeninos umbro-toscanos, no muy distante de los Montes Sibilinos, espacio en el que habitan la leyenda y el mito y que reconoce una dilatada presencia en la literatura caballeresca peninsular, desde el *Guerrin Meschino* hasta el *Orlando furioso*.

Se podría aseverar que los autores y adaptadores de las recreaciones cervantinas en la Italia del XVIII perciben cierta familiaridad de algunos episodios o pasajes del *Quijote* con la literatura pastoril y caballeresca italiana (Tasso/Ariosto) y con la fórmula cómica que había fijado y popularizado la cultura receptora, en especial la *commedia dell'arte* —nombres de personajes cervantinos, travestismos, solecismos cómicos, relación con algunas máscaras italianas—, concebidos como recursos significativos en el proceso de gestación de la genial novela de Cervantes. En este caso puede afirmarse que estamos ante un proceso de apropiación de motivos, perfilándose un itinerario de apropiación y contaminación de temas y motivos de ida y vuelta, ya que diversos componentes germinados en otra cultura y tradición, como el bagaje de la vertiente caballeresca y del teatro cómico italianos, alimentan y enriquecen otras literaturas, en este caso la hispánica, alcanzando altas cimas en un texto fuertemente polisémico como el *Quijote*. Sucesivamente, dichos componentes y recursos, parcialmente reelaborados, regresan a través de una compleja red de presencias, influjos y contactos —para sedimentarse en la cultura receptora en el caso de la Italia del *Settecento*, a través del drama musical como principal canal de penetración y apropiación— que la reconoce como familiar o de algún modo próxima a su propia tradición literaria y a su acervo cultural.

5
——

Apropiación, metamorfosis e inversión del modelo cervantino: de «cavaliere errante» a «codardo vigliacco»

Como último aspecto debe destacarse el proceso de degradación y caricaturización que experimenta el personaje cervantino a través de la utilización de recursos y artificios dramáticos que engarzan con el modelo de la comedia del arte italiana. Si Baretti en su *intermezzo* inserta en el carnaval veneciano de mediados del xviii a un don Quijote anacrónico y viajero, acusadamente alocado, que ha transitado «por España y Francia, atravesado los caminos de Alemania, Perú y el Misisipi» (Quinziano 2016: 123) y despojado de toda dignidad literaria a medida que avanza la trama, en la pieza de Corsetti el proceso de degradación moral y en clave burlesca del hidalgo se percibe ya desde el inicio, alcanzando ribetes aún más marcados en el desenlace.[59]

Magos, astrólogos, hadas y hechiceras atestiguan una presencia significativa en varias piezas musicales de derivación cervantina y carácter festivo a partir de los primeros lustros del xviii hasta los inicios del siglo del xix: el mago Grillo en *Don Chisciotte in corte della duchessa*, de 1727, y el *Marforio* del

———

[59] Los dos *intermezzi* presentan varios elementos que los acomunan; ambos «son herederos de una tipificación del hidalgo que se apoya en una lectura que privilegia lo alocado, lo inverosímil y lo caricaturesco. Ambas piezas musicales […] constituyen solo un breve muestrario de algunos procesos de asimilación y apropiación de datos culturales en acto en los escenarios de la Italia del xviii, revelando los mismos una existencia propia, descontextualizada de los componentes y motivos que proceden de la cultura de origen» (Quinziano 2016: 135). Para un estudio en clave comparada de ambas piezas, la de Baretti y Corsetti, remito al recién citado estudio publicado en 2016.

melodrama *I romanticisti*, de 1819 (Cordie 1957), aunque en este último caso se trate de un falso nigromante, corroboran esta constante presencia a lo largo de la centuria hasta adentrado el ochocientos. En *Don Chisciotte a Venezia* Baretti incorpora al personaje de Trevisana, la astróloga que consuma el ardid de la engañosa muerte de Sancho y Dulcinea, instrumento para promover la burla y la diversión y provocar al mismo tiempo el escarnio a un don Quijote degradado en su condición de caballero andante (Quinziano 2020 y 2023). En la breve pieza sienesa el equivalente de la maga Trevisana es Nerina —la criada de Alcina, travestida de guerrera amazona en la primera parte y de maga en la segunda— el instrumento de la voluntad de la hechicera ariostesca. El territorio en el que habita —ya no más isla, sino espacio frondoso— aúna el tópico de la *selva* /floresta con el mundo ariostesco de hadas, magas y hechiceras.

Las magas embaucadoras y seductoras se hallan muy presentes aún en muchas de estas recreaciones cervantinas del *Settecento*:[60] no se olvide por demás que la magia constituye un asunto tratado en varios episodios de la afamada novela, por ejemplo en el capítulo 62 de la segunda parte, sin olvidar la presencia de brujas, magas y nigromantes, disfrazadas, travestidas y/o metamorfoseadas, que pueblan el fertilísimo mundo ficticio cervantino. A modo de ejemplo, podría recordarse la protagonista del segundo libro del *Persiles*, Cenotia, «natural de España, nacida y criada en Alhama, ciudad del reino de Granada» (*Persiles*, I, p. 215), quien se introduce a deshoras en la habitación de Antonio, el mozo.

Cervantes distinguió con nitidez las diferencias entre hechiceras y magas. En dicha perspectiva la granadina se retrata

---

[60] Sobre la presencia de la magia y los magos en los escenarios del siglo XVIII existe una amplia bibliografía; para el caso del drama español, y a título indicativo, se señalan los textos de Caldera (1988 y 2001) y Álvarez Barrientos (2011).

orgullosamente como maga, despreciando ser equiparada o confundida con brujas o hechiceras, de las que reniega, puesto que

> nosotras, las que tenemos nombre de magas y de encantadoras, somos gente de mayor cuantía; tratamos con las estrellas, contemplamos el movimiento de los cielos, sabemos la virtud de las yerbas, de las plantas, de las piedras, de las palabras, y juntando lo activo a lo pasivo parece que hacemos milagros y nos atrevemos a hacer cosas tan estupendas, que causan admiración a las gentes, de donde nace nuestra buena o mala fama (*Persiles*, I, p. 216).[61]

Por lo que atañe a la recreación cervantina, como se ha apuntado, el tema de la maga reconoce sus evidentes resonancias ariostescas (*Orlando furioso,* I, cantos VI y VII). Puede sorprender que en pleno Siglo de las Luces —en el que la razón, la experiencia y la nueva mentalidad científica

---

[61] Para Cenotia, en cambio, «las que son hechiceras nunca hacen cosa que para alguna cosa sea de provecho; ejecutan sus burlerías con cosas, al parecer, de burlas, como son habas mordidas, agujas sin puntas, alfileres sin cabeza y cabellos cortados en crecientes o menguantes de luna; usan de caracteres que no entienden, y si algo alcanzan, tal vez, de lo que pretenden, es en virtud de sus simplicidades, sino porque Dios permite, para mayor condenación suya, que el demonio las engañe» (*Persiles*, I, p. 216). El modelo por excelencia de *bruja/hechicera*, o la mejor descrita, en Cervantes es la Cañizares de su *Coloquio de los perros* de las *Ejemplares* (Lanuza 1973: 28). Otro modelo sería la protagonista italiana del capítulo VIII del primer libro del *Persiles* (I, pp. 56-60), que narra el vuelo del bailarín Rutilio, desde Roma hasta Noruega, en el manto volador: convertida sucesivamente la hechicera en loba, algo que recuerda un episodio del *Satiricón* —novela de la Roma clásica atribuida a Petronio—, la bruja acaba siendo apuñalada por Rutilio, la cual, «cayendo en el suelo, perdió aquella fea figura, y hallé muerta y corriendo sangre a la desventurada encantadora» (*Persiles,* I, p. 59). Sobre las distinciones cervantinas referidas a la asociación magas/hechiceras/brujas, se remite a Lanuza (1973: 29-37).

acaban imponiéndose sobre las artes asociadas a la alquimia y la astrología—, magos, astrólogos, hechiceros y alquimistas, asociados también al mundo festivo y las celebraciones de los carnavales, sigan poblando los escenarios italianos —y españoles— de la centuria. No debe olvidarse, como hemos observado recientemente, que algunas piezas teatrales en ámbito europeo, ya en los últimos decenios del siglo precedente, habían anticipado en cierto modo esta transformación, al ser la magia y la alquimia ridiculizadas como una forma de superstición o engaño (Quinziano 2023: 65, n. 49). Caldera (2008) nos recuerda que, a pesar de existir «una orientación antimágica», más acusada a partir de la segunda mitad del siglo, la magia de ningún modo desapareció del horizonte cultural ni de los escenarios en el XVIII «ni en España ni en otros sitios», por lo que en el setecientos «conviven elementos culturales en contraste y tensión entre ellos, en vilo entre un mundo que se extingue y uno que va afirmándose poco a poco».

Si la farsa barettiana reconoce la presencia de las máscaras que remiten a la tradición de la *commedia dell'arte*, empezando por la popular Pulcinella, en esta adaptación toscana, al ser una cantata a dos voces, no se han incorporado personajes asociados a la *commedia all'improvvisa*. Sin embargo, ciertos comportamientos, gestos y expresiones de los dos protagonistas —don Quijote y Nerina— exhiben rasgos que los aproximan a los modelos que había popularizado el teatro cómico italiano. Mientras Nerina, por ejemplo, se traviste de maga en la segunda parte, parcialmente asimilable a la Trevisana del *intermezzo* de Baretti, don Quijote va delineando, en sus diálogos y comportamientos, un perfil próximo a la máscara del Capitano Fracassa o capitán Matamoros, el modelo del soldado tanto fanfarrón como cobarde, ridículo y patético, asociado a la imagen de un militar del imperio español, con sombrero de plumas y enorme espada, dispuesto a batirse a duelo incluso con

sus propios criados. El libreto de Mariani reelaborado parcialmente por Corsetti constituye un eslabón más en una sucesión
de obras, sin solución de continuidad hasta bien adentrado el XIX,
en las que el caballero manchego se erige en principal motor de
la comicidad —verbal y no verbal— y al mismo tiempo receptor
privilegiado de escarnios y burlas en los escenarios («el simplón
me hace reír y me inspira piedad», dice Nerina; vv. 298-299), asimilable en varios aspectos al perfil que exhibe el escudero cervantino, sobre todo en las cantatas a dos voces, en las que Sancho
no interviene verbalmente o directamente se halla ausente.

Se ha indicado que a lo largo de la primera mitad —y algo
más— del *Settecento*, diversas modalidades del teatro musical
—farsas, *intermezzi*, comedias para música, óperas *serioridico-
le*, etc.— pueblan las tablas italianas, ya sea exhibiendo en los
escenarios a la célebre pareja cervantina, ya sea incluyendo en
el libreto solo a uno de los protagonistas quijotescos —por lo
general al caballero manchego sin su escudero— o bien pre-
sentando, cuanto menos, a un Sancho retratado como débil
contrapunto del héroe cervantino,[62] como revelan los *intermezzi* de Baretti y Corsetti. Comparando nuevamente la farsa
toscana con el libreto de Baretti, mientras en este no hay presencia alguna del escudero en el escenario —se alude solo a él,
en especial en el artificio del engaño y el juego de máscaras
y sombras que vertebran la segunda parte del libreto (Quinziano 2023: 66-68)—, en el texto adaptado por Corsetti, más
que de una ausencia debería hablarse de una débil presencia,
con un Sancho que actúa como complemento, en el campo
de los recursos cómicos y grotescos no verbales, del caballero
manchego. Amoldándose a los perfiles fijados por la tradición

---

[62] Hay, desde ya, excepciones, como la aludida comedia para música de
Pasquini y Caldara, *Sancio Panza, governatore dell'isola di Barataria*,
en la que el escudero se erige en personaje central de la pieza (Pasquini,
ed. 2017).

teatral italiana, Sancho es presentado por el hidalgo manchego no como su escudero, sino como *servo*, o sea, 'criado', próximo al modelo de los *zanni* de la *commedia dell'arte*. El complemento —tanto humano como filosófico— del héroe cervantino ha sido degradado y al mismo tiempo su presencia ha quedado relegada, revelándose una sombra sobre el escenario, una casi ausencia en la farsa sienesa. Sin participación en los diálogos, reducido a una *presencia* sustentada en gestos y movimientos sobre el escenario y destinatario de indicaciones y alusiones por parte del caballero andante, su función se halla orientada a reforzar la comicidad en algunas situaciones.

Esta débil presencia puede explicarse en primer lugar por las exigencias del libreto, al constituir la pieza sienesa una cantata a dos voces. Ello no impide que en reiteradas ocasiones el protagonista se dirija o aluda en sus diálogos a Sancho, por lo general de modo despectivo («bestia», «ignorante», «holgazán»; son algunas de las cualidades que don Quijote le confiere), al tiempo que traza una equiparación, en clave burlesca, entre su escudero y el mundo animal —Sancho/Rocinante— plasmando desde los inicios su proceso de animalización:

DON QUIJOTE   *Esta bestia*, instruida,
se llama *Sancho Panza*;
la otra *bestia*, que es mi corcel,
se apellida *Rocinante*, [...] (vv. 38-41; cursivas nuestras).

Al protagonista cervantino se le confieren en primer lugar las notas privativas del modelo que había fijado el autor alcalaíno: si don Quijote se presenta a sí mismo como «Don Chisciotte Cavaliero errante» (v. 43), es retratado por Nerina como un personaje alocado («pazzo», v. 28; «pazza testa», v. 144; «folle orgoglio», v. 145). Aunque no coincidirá nunca con la maga ariostesca en el escenario, el caballero errante, lector apasionado de los libros del género de caballerías, cuando Nerina aluda a ella y su territorio, ya conoce todo de ella. En dicha perspectiva, Refini (2007: 329) afirma que «cuando el protagonista comprende que está en la "floresta" de Alcina, su reacción es perfectamente donquijotesca».[63] Sin embargo, desde los inicios de la farsa, es posible vislumbrar otros componentes que lo distancian del modelo cervantino: el caballero manchego es retratado así, según sus propias palabras, como personaje dominado por la duda —«titubeante cavalier» (v. 20)— y la inacción, al tiempo que a medida que avanza la trama van acumulándose los aspectos negativos que le conciernen (cobarde, ambicioso, inseguro, miedoso, materialista, vil, deshonrado), degradando moralmente el perfil del héroe cervantino y alejándolo del modelo virtuoso que Cervantes había estampado. Si don Quijote se autodefine desde los primeros diálogos como persona «titubeante», el retrato del caballero que desde su primera intervención traza Nerina al ahondar en la vileza, es sumamente ilustrativo de esta inversión del modelo cervantino, que contrasta con el valor y la audacia de su interlocutora y preanuncia la degradación que irá experimentando este don Quijote a medida que avanza la trama:

NERINA   Este es aquel *loco*
            que quiere ser guerrero, y es *más vil*,
            en cambio, que la misma *vileza* (vv. 28-30;
                subrayados nuestros).

Cuando el caballero andante es desafiado a duelo por Nerina, esta le acusa de actuar como «cobarde» y «pusilánime», algo que la «fida ancella» de la hechicera tendrá ocasión de

---

[63] «Quando il protagonista capisce di essere nella "selva" di Alcina, la sua reazione è perfettamente donchisciottesca».

corroborar en varias ocasiones a lo largo de esta primera parte, como cuando —recordando el apresamiento del Ruggiero ariostesco— es tomado prisionero por orden de Alcina. Después de evitar don Quijote a través de las más increíbles excusas el enfrentamiento, acaba cediendo al desafío, pero sin oponer resistencia. Si el *intermezzo* de Baretti insiste sobre el tema de la locura, asociado a una lectura que privilegia lo inverosímil y caricaturesco (Quinziano 2020: 152-155 y 2023: 71-73), en el libreto sienés, sin subestimar la importancia que adquiere el tema como *leitmotiv,* esta se halla flanqueada, como se acaba de ver, por el tema de la vileza y la cobardía, presentes ya desde el inicio y que, conjuntamente y en un gradual *in crescendo,* irán moldeando el proceso de ridiculización y escarnio del caballero andante:

NERINA   […] Pero ¿tú *tiemblas?*
            Dime, pues, ¿de qué tienes *miedo?* (vv. 186-187).

NERINA   No, no *tiemblas* por la fiebre,
            alma *vil* e *infame*;
            esa es la justificación habitual
            de todo hombre que no tiene honor.
            Tiemblas, porque te hallas privado
            de aquel antiguo, altivo y
            alto valor guerrero,
            que *temer* no sabe jamás (vv. 194-201; los
               subrayados son nuestros).[64]

Nerina le acusa de haber perdido el antiguo valor y la temeridad de los caballeros andantes de antaño. Estas intervenciones refuerzan las acusaciones de cobardía y vileza del personaje cervantino, acompañando su proceso de envilecimiento

---

[64] En un diálogo sucesivo Nerina vuelve a insistir: «¿Temes algo, quizás, caballero?» (v. 217).

y ridiculización. Si la acción, la determinación y la iniciativa caracterizan a Nerina, la inacción, la inseguridad y el discurrir verbal, por el contrario, son las marcas distintivas de este don Quijote toscano.

El miedo y la cobardía como rasgos definidores le son atribuidos en repetidas ocasiones por Nerina, pero acabarán siendo confirmados sucesivamente también por el mismo protagonista. En efecto, aunque intenta justificar con banales y cambiantes excusas —estado febril, sensación de frío— sus inseguridades y temores, es el mismo hidalgo manchego quien, con sus propias palabras, corrobora el miedo y la cobardía que lo invade. Al invocar la maga a la hidra de Lerna y a los «más feroces y aterradores monstruos», el caballero andante le suplica en tono burlesco dejar en paz «a toda esa gente, / que puede perturbar nuestros asuntos» (vv. 209-210). Del mismo modo, ante el esfuerzo que implica aproximarse a la estatua viviente para coger el anillo —evocación del anillo mágico de Ariosto—, don Quijote se confiesa a Nerina:

> Sepa, su señoría,
> bellísima zagala…
> (¡Ay!, que el *temor me mata*,
> y ya no me mantengo más en pie) (vv. 259-261;
>   subrayados nuestros).

El ansiado tesoro de oro y plata simboliza el afán del hombre hacia lo material que encierra una finalidad moralizadora y de leve crítica social, mientras el anillo en el dedo de la estatua viviente constituye el instrumento de la tentación y del afán de obtención de riquezas, concebidas como fútiles quimeras. En este intermedio musical prima el tema del miedo a lo sobrenatural y la condena al mundo material y la ambición desmedida, desarrollada a través del tema caballeresco y ariostesco de la isla de Alcina, como artificio literario, remitiendo a un componente temático ampliamente reconocible para el público italiano. Este bagaje, que combina mito, leyenda, folclore y ficción literaria y que tiene a Alcina/Sibilla como personaje protagónico, constituye un motivo bien presente del que se echa mano en los escenarios italianos de la primera mitad del XVIII, asociado en diversas ocasiones, por su reminiscencia al género caballeresco, a recreaciones o adaptaciones cervantinas musicales del periodo.

Nada más alejado este don Quijote toscano del héroe cervantino, quien en varios episodios, como el de los batanes (I, 20) o el de Sierra Morena (I, 23-26), por citar dos ejemplos bien conocidos, exhibe su arrojo ante la sucesión de peligros y adversidades que se le presentan, reprochándole al mismo tiempo a Sancho sus inseguridades y temores.[65] Podría decirse que ha habido un desplazamiento del perfil del escudero, que sobre todo en la primera parte de su novela había moldeado Cervantes, hacia don Quijote: ahora es el caballero manchego quien ha heredado las dudas, los temores y la cobardía de aquel, al tiempo que se erige en el promotor y principal receptor de burlas y bufonadas, que en la gran novela eran territorio esencialmente del escudero (Canavaggio 2000: 235-253). Juntamente a esta acentuación del miedo, verdadero *leitmotiv* en el *intermezzo* de Corsetti (vv. 76, 169, 192, 221, 224, 306), asociado

---

[65] «Naturalmente eres cobarde, Sancho —dijo don Quijote— [...] Y no me repliques más: que en solo pensar que me aparto y retiro de algún peligro, [...] que parece que lleva algún es no es de sombra de miedo, estoy ya para quedarme, para aguardar aquí, solo, no solamente a la Santa Hermandad, que dices y temes, sino a los hermanos de las 12 tribus de Israel [...]» (*Quijote*, I, 23, pp. 282-283). Por su parte, y en contraposición, en el episodio de los batanes, el caballero manchego había afirmado: «Yo soy aquel para quien están guardados los peligros, las grandes hazañas, los valerosos hechos»; palabras que sintetizan perfectamente el perfil del protagonista (*Quijote*, I, 20, p. 246).

a la aparición del elemento sobrenatural de la estatua viviente, de reminiscencias tirsianas y de larga presencia también en la tradición popular italiana (Quinziano 2008a: 161-164), el protagonista va desplazándose hacia el ámbito de lo grotesco y caricaturesco (el baile ante la estatua viviente constituye un aspecto revelador en dicha perspectiva, que recuerda al don Quijote danzarín de los *ballets de cour* o *mascarades* franceses de los primeros decenios del XVII; ver Martínez del Fresno 2007 y 2007). Del mismo modo los epítetos —«haragán», «simplón», «cobarde», «pusilánime»— que le lanza Nerina en la parte final no hacen más que culminar el proceso de ridiculización y degradación burlesca que experimenta el Ingenioso Hidalgo.

Si el caballero andante había llamado «bestia» (v. 2) a su escudero, ahora será la maga quien, recuperando la asociación faunística y completando el proceso de degradación del caballero, acabe asimilando a don Quijote con el mundo animal (v. 240). Aun respetando el tema de la locura, del engaño y encantamiento que dominan el texto cervantino, *Don Quijote en la floresta de Alcina* traza un modelo antitético del héroe, alejado de todo código caballeresco. Se percibe en efecto una transferencia de aspectos y adjetivaciones privativas del escudero (equiparación al mundo animal, cobardía, haraganería, interés por lo material, etc.) hacia el caballero andante: así si en los inicios el hidalgo manchego declara que «Sancho Panza ha salido corriendo / asustado, el haragán» (vv. 26-27), es don Quijote ahora el destinatario de los epítetos que resaltan la cobardía, la inacción y la indolencia, llamándole Alcina «cobarde, pusilánime» (v. 76), «simplón» (v. 298) y «haragán» (v. 301).

El miedo, la cobardía, la vileza, el materialismo y la ambición desmedida plasman el proceso de degradación moral y corroboran la inversión del modelo quijotesco, erigiéndose el caballero errante en catalizador de lo ridículo y bufonesco hasta rozar lo patético, despojado de toda dignidad literaria al adecuarse a los escenarios italianos del *Settecento*. En dicha perspectiva, con razón se ha observado que

> mientras en Ariosto el episodio de Alcina era, al menos parcialmente, funcional para foguear la educación de Ruggiero, el cortejo agresivo de Nerina hacia don Quijote confirma, en el interludio, la incompatibilidad del personaje con el código caballeresco (Refini 2007: 330).[66]

El *intermezzo* sienés, en el que es posible percibir un don Quijote dominado por la duda, cobarde, ambicioso e inclinado a la inacción —inversión del modelo cervantino—, exhibe varios de los componentes que organizan una parcela relevante de las recreaciones cervantinas en la primera mitad del *Settecento*: presencia de personajes cervantinos inmersos en motivos y ambientes privativos de la tradición caballeresca italiana, envilecimiento moral y deformación grotesca del hidalgo manchego, quien es objeto de burlas y escarnio, ambientación en escenarios que remiten al folclore y a la tradición popular peninsular. Asimismo, pueden reconocerse otros eslabones y recursos que organizan estas recreaciones, como la incorporación de elementos representativos procedentes de la *commedia dell'arte* (gestos, burlas, solecismos cómicos, travestismos, magos, hadas, etc.) que desplazan la comicidad del protagonista cervantino hacia ámbitos acusadamente grotescos en los que la cobardía y la locura se afirman como rasgos esenciales de este modelo ampliamente explotado en los escenarios italianos a lo largo de la centuria.

---

[66] «Mentre l'episodio di Alcina in Ariosto era, almeno in parte, funzionale all'educazione di Ruggiero, l'aggressivo corteggiamento di Don Chisciotte da parte di Nerina conferma, nell'intermezzo, l'incompatibilità del personaggio con il codice cavalleresco».

El tema de la isla de Alcina, asociado claramente a la vertiente caballeresca, que plasmó la cultura humanista y renacentista italiana, alcanzó su cima artística en el afamado poema de Ariosto. El motivo empezó a ser explotado también para el drama musical desde los albores de la centuria, con lo que el tema de la gruta/isla/selva de la maga dispuso de un nuevo e inapreciable canal de transmisión y difusión. La presencia del caballero andante en el teatro musical del *Settecento* no solo popularizó al personaje cervantino en los escenarios de la península, sino que, considerando que un número relevante de italianos entró en contacto con el *Quijote* a través de su inserción en el campo teatral en clave burlesca, como instrumento del escarnio y el engaño y próximo a los modelos que había afirmado la *commedia dell'arte*, la recepción en la cultura italiana de la genial novela —así como su protagonista—, hasta casi los albores del siglo xx, se halla fuertemente condicionada por esta participación como vehículo de temas bufonescos y farsescos en las tablas de la península. Con o sin escudero, el perfil del caballero andante que puebla los *intermezzi* del *Settecento* italiano se afianzaba, pues, como modelo antitético e incompatible a los códigos de la caballería.

6

Criterio de la edición

Se reproduce el texto impreso por los editores sieneses Quinza y Bindi en 1752, adaptación atribuida al libretista Corsetti de dos precedentes *intermezzi*, *Nerina e Don Chisciotto* (*N*) y *Don Chisciotte* (*DC*), cuyo autor —como se ha indicado— es el romano Tommaso Mariani. En la reproducción del texto italiano se han corregido y modernizado la ortografía y los criterios en los signos de puntuación, al tiempo que se han respetado como norma las formas y expresiones arcaicas presentes en la lengua en el *Settecento*. Las mismas, en algunos casos, revelan la diversidad de registros lingüísticos que remiten a determinadas áreas de la península, aunque el texto sienés confirma ya la opción por el toscano moderno, expurgado en varios pasajes tanto de otras formas dialectales, como el napolitano, o de galicismos en clave cómica, que se hallaban presentes en la primera versión partenopea (1734), como puede corroborarse en el aparato crítico que cierra la edición.

El libreto, aunque exhibe cierta variedad métrica, se asienta principalmente en la combinación de heptasílabos y endecasílabos, heredera de la lírica humanista y renacentista italiana; la rima, por su parte combina la asonante con la consonante: en el caso de esta última se aprecia el uso privilegiado de la rima gemela (AA, BB: «Un semplice scud**iero** / Del pari camminar col Caval**iero**?»; vv. 4-5; «Eh, ti chi**ama**. / Ah, Mad**ama**! / Là ti volta in cort**esia**. /Ah, di grazia andiamo **via**»; vv. 313-316) o alternada («Eh burla! In sua di**fesa** / Son pronto ad impugnarlo, / Ma non già (*guardi il Ciel*), per farle of**fesa**»; vv. 63-65; «Dei più temuti Cavalier l'ec**cidio**, / Per dar gusto a costei / Dovrò far contro voglia un Donni**cidio**?»; vv. 92-94). Sin embargo, en varios pasajes se aprecia también el uso de la rima cruzada, como en los contrapuntos que remiten al apresamiento del caballero andante y su escudero (ABABCDCDEFEF: «Fra' lacci av**volto** / Frema l'in**degno**. / Pace, bel **volto**; / Non tanto s**degno**. / Questo è il tuo **fato**, / Pace non v'è. / Cedo al mio **fato**, / Non cedo a te. / Che offesa è qu**esta**! / Vendetta io v**oglio**. / Che pazza t**esta**! / Che folle org**oglio**!»; vv. 134-145) o en los versos que cierran la pieza («Ma d'errante Caval**iere** / Al dover manchi di t**roppo**. / Sancio, caro, mio Scud**iere**, / Dove sei? Che brutto int**oppo**! / Che guerrier! Che testa b**rava**! / Oh che gran simplic**ità**! / Chi mi tira, chi mi c**ava** / Da quest'ombre per pie**tà**? / Se restar non ti rincr**esce** / Molto argento ed oro av**rai**. / Se scampare or mi ri**esce**, / Non più imbrogli, non più gu**ai**»; vv. 317-328); en menor medida, se hallan presentes también algunos ejemplos de rima trenzada o continuada.

Como hemos apuntado en otra ocasión, abordar la traducción de un texto poético para el drama musical, «donde poesía y música se complementan y ensamblan configurando el sentido sensorial que organiza la obra» (Quinziano 2023: 81), constituye un reto en el que deben asumirse sin lugar a duda compromisos y renuncias. Uno de estos desafíos se halla orientado a respetar en la versión traducida la métrica, la rima e incluso los acentos métricos del texto de la lengua de partida. En dicha perspectiva, conscientes de la dificultades de poder adecuar la métrica (primacía de heptasílabos y endecasílabos que había popularizado la lírica renacentista) y rima (que combina la consonántica, asonantada, alternada y encadenada) del libreto original al español para cumplir dicho objetivo[67] se ha optado por respetar, allí donde era posible, la rima consonante,

---

[67] Para ello se han tenido en cuenta las peculiaridades de la lengua italiana que, respecto a la española, incide en la formación de la métrica, como el apóstrofe, los apócopes de vocales al final o las diferencias en la construcción de los plurales (-e , -i, en italiano; consonantes en español).

aunque sin procurar ceñirse estrictamente a la métrica ni a la rima del texto original. Se ha priorizado esencialmente el criterio que garantizase la comprensión semántica y lectora del texto en español y al mismo tiempo una mayor aproximación, a los apasionados del *Quijote* y lectores en general, del sentido del libreto y del contexto en el que el mismo surgió y se propagó en la Italia del *Settecento*. Por tanto, se ha optado por facilitar ante todo la comprensión del texto al lector contemporáneo, ofreciendo un registro del libreto italiano lo más próximo posible al castellano moderno.

En el apartado final —referido al aparato crítico— se han puesto de relieve las diferencias que el libreto de Siena (*A*) presenta respecto a las dos versiones precedentes, la de Nápoles de 1734 (*N*) y la sucesiva de Bolonia de 1746 (*DC*), apreciándose una clara voluntad por parte de la reelaboración y adaptación toscana orientada a plasmar una mayor economía narrativa y descriptiva. Se eliminan así varias didascalias y algunos diálogos, aunque el *autor/adaptador* acabó añadiendo aproximadamente una decena de diálogos nuevos en la parte final, con el propósito de acentuar la locura y la cobardía del personaje cervantino y enfatizar la función didáctica y moralizadora —crítica del mundo material y de la ambición desmedida— de la pieza.

Por último, a diferencia del texto italiano, se precisa que en la versión española no se ha seguido la norma que regía el uso de las mayúsculas al inicio de cada verso, procedente de la costumbre del uso de la «escomitía» de la poesía clásica; sí se ha respetado —y uniformado— el uso de los pronombres en las fórmulas de tratamiento y de respeto entre miembros de diferentes estamentos sociales (*tu, voi, ella*, etc.).

Bibliografía

Altieri Biagi, M.ª Luisa, «Studi sulla lingua della commedia toscana del primo Settecento», en *Atti e Memorie dell'Accademia Toscana di Scienze e Lettere La Colombaria*, Olschki, Florencia, nuova serie, 16, XXX (1965), pp. 251-378.

Alvar, Carlos, «El *Quijote* en el mundo. Traducciones de los siglos XVII y XVIII», en *Don Quijote en el Campus. Tesoros complutenses*, Publicaciones Universidad Complutense, Madrid, 2005, pp. 155-171.

Álvarez Barrientos, Joaquín, *La comedia de magia del siglo XVIII,* Universidad Autónoma de Madrid, Madrid, 2011 [tesis doctoral, 1986]; digital.csic.es/bitstream/10261/32162/1/Tesis_Alvarez_Barrientos.pdf.

Anónimo, *Il Don Chisciotte*, A. Pagani Libreria, Florencia, 1762.

Arce, Joaquín, *Tasso y la poesía española*, Planeta, Barcelona, 1973.

Arellano, Ignacio, «Máscaras quijotescas», *Príncipe de Viana*, 236 (2005), pp. 947-962.

Ariosto, Ludovico, *Orlando furioso* [1532], ed. G. Avesani, L. Bianconi Editore, Venecia, 1823, 4 tomos.

Barberino, Andrea da [Mangiabotti, Andrea], *Guerrino, detto il meschino* [1473], ed. G. Berta, Tipog. Guglielmini e Redaelli, Milán, 1841.

Baretti, Giuseppe, *Don Quijote en Venecia/Don Chisciotte in Venezia* [1752-53], ed. F. Quinziano, Luna de Abajo-GREC, Oviedo, 2023.

Binni, Walter, «Il teatro comico di Girolamo Gigli», en *L'Arcadia e il Metastasio*, La Nuova Italia, Florencia, 1968, pp. 176-206.

Bognolo Ana, «La desmitificación del espacio en el *Amadís de Gaula*: los 'castillos de la mala costumbre'», en *Studia Aurea (Actas del III Congreso de la AISO, Toulose 1993)*, vol. III, ed. I. Arellano y otros, Universidad de Navarra-GRISO, Pamplona, 1996, pp. 67-72.

Bonaventura, Arnaldo, *Saggio storico sul teatro musicale italiano,*, Giusti, Livorno, 1913.

Bortoletti, Francesca, «La fortuna dell'*Orlando furioso* nelle arti performative. Scenario italiano», en *L'Orlando furioso nello specchio delle immagini*, ed. L. Bulzoni, Istituto della Enciclopedia Italiana, Roma, 2014, pp. 689-724.

Buch, David J., *Magic Flutes and Enchanted Forests: The Supernatural in Eighteenth-Century Musical Theater*, The University of Chicago Press, Chicago, 2008.

Busi, Leonida, *Il Padre G. B. Martini: musicista e letterato del Secolo XVIII*, Zanichelli, Bolonia, 1891.

Caldera, Ermanno, «Teatro di magia e secolo dei Lumi», *Letterature*, 11 (1988) pp. 51-59.

—, «Para una tipología del héroe mágico dieciochesco y decimonónico», en *Sobre literatura fantástica. Homenaxe ó profesor Antón Risco*, ed. M. J. Fariña Busto y M. D. Troncoso, Universidad, Vigo, 2001, pp. 97-104.

Canavaggio, Jean, *Cervantes, entre vida y creación*, Centro de Estudios Cervantinos, Alcalá de Henares, 2000.

Cecchi, Emilio, y Natalino Sapegno, *Storia della letteratura spagnola. Il Settecento*, vol. 6, Garzanti, Milán, 1968.

Cervantes Saavedra, Miguel de, *Don Quijote de la Mancha*, ed. J. J. Allen, Cátedra, Madrid, 1991, 2 vols.

—, *Los trabajos de Persiles y Sigismunda* [1617], en *Obras Completas de M. de Cervantes Saavedra*, ed. R. y A. Bonilla, Imprenta de Bernardo Rodríguez, Madrid, 1914, 2 vols.

Cian, Vittorio, *Italia e Spagna nel secolo XVIII. Giambattista Conti e alcune relazioni erarie fra l'Italia e la Spagna*, Lattes, Turín, 1896.

Corsetti, Francesco [Oresbio Agieo], *La vita di Girolamo Gigli, sanese*, Stamperia all'Insegna di Apollo, Florencia, 1746.

Corsetti, Francesco [atribuido a], *Don Chisciotte nella selva di Alcina*, Quinza e Bindi, Siena, 1752. Sigla: *A*.

Dalla Valle, Daniela, «Don Quichotte et Sancho dans la France de Louis XIII. La trilogie comique de Guérin de Bouscal», *Revue de littérature comparée*, 53 (1979), pp. 432-446.

De Angelis, Luigi, *Biografia degli scrittori sanesi*, Stamperia G. Rossi, Siena, 2 vols., I, 1824.

Diccionario de La lengua Española, Real Academia Española, Madrid, 2014, 23ª ed. https://dle.rae.es/ *DRAE*

Di Tipaldo, Emilio, *Biografia degli Italiani illustri nelle scienze, lettere e delle arti del secolo XVIII e de' contemporanei*, Tipografia del Alvispoli, Venecia, vol I, 1834.

Eisenberg, Daniel, «Cervantes y Tasso vueltos a examinar», en D. Eisenberg, *Estudios cervantinos,* trad. E. de Riquer, Quaderns Crema, Barcelona, 1991, pp. 37-56.

—, «Los autores italianos en la biblioteca de Cervantes», en *Cervantes en Italia*, ed. A. Villar Lecumberri, Asociación de Cervantistas, Palma de Mallorca, 2001, pp. 87-92.

Espinós, Vicente, *El «Quijote» en la música*, CSIC, Madrid, 1947.

Esquival-Heineman, Barbara P., «Don Quixote in Italy», en *Don Quijote's sally into the world of opera libretti between 1680 and 1976*, Peter Lang, Nueva York, 1993, pp.19-33.

—, «El *Quijote* en la música italiana de los siglos XVIII y XIX», en *Cervantes y el «Quijote» en la música. Estudios sobre la recepción de un mito*, ed. B. Lolo, Centro de Estudios Cervantinos, Madrid, 2007, pp. 171-186.

Fido, Franco, «Introduzione», en G. Baretti, *Opere*, ed. F. Fido, Rizzoli, Milán, 1967, pp. 9-27.

—, «Introduzione», en G. Baretti, *Scritti teatrali*, ed. F. Fido, Longo, Ravenna, 1977, pp. 7-13.

—, «Viaggi in Italia di Don Chisciotte e Sancio nel Settecento. Farsa, follia, filosofia», *Italies*, 4 (2000), pp. 241-281, https://italies.revues.org/2246#toc01n3.

Flaccomio, Rosaria, *La fortuna del Don Quijote in Italia nei secoli XVII e XVIII e il Don Chisciotte di G. Meli*, S. Andò e Figli, Palermo, 1928.

Fucilla, Joseph, «Las dos ediciones del *Aminta* de Jáuregui», *Nueva Revista de Filología Hispánica* (NRFH), 15 (1961), pp. 505–518, https://doi.org/10.24201/nrfh.v15i3/4.387.

Gianturco, Carolyn, «Francesco Franchini», en *The New Grove Dictionary of Music and Musician*, vol. 6, ed. S. Sadie, Macarillan Publication, Suffolk, 1980, pp. 774-776, www.oxfordmusiconline.com/grovemusic/.

Gigli, Girolamo, *Un pazzo guarisce l'altro,* ed. E. Marcello, Lineadacqua, Venecia, 2016.

González Lapuente, Alberto, «Don Quijote en la Universidad (sobre la representación de la ópera de Zeno y Pariati con música de Francesco B. Conti)», *ABC Cultural*, 9 de noviembre de 2002.

González Ludueña, Carlos, *José de Cañizares (1676-1750): vida y obra de un libretista entre el Barroco y la Ilustración*, anejo 12, Instituto Feijoo de Estudios del siglo XVIII-ACESxVIII, Oviedo, 2023.

Güntert, George, «*Ariosto en el Quijote*: replanteamiento de una cuestión», en Jules Whicker (al cuidado), *Actas del XII Congreso de la Asociación Internacional de Hispanistas (Birmingham, 21-26 de agosto de 1995). Tomo II. Estudios áureos I*, Birmingham, University of Birmingham, 1998, pp. 271-284

Hardie, Graham, «Mariani, Tommaso», *Grove Music Online* (1992/2002), https://www.oxfordmusiconline.com/grovemusic/display/10.1093/gmo/9781561592630.001.0001/omo-9781561592630-e-5000903133

Hart, Thomas, *Cervantes and Ariosto. Renewing Fiction*, Princeton University, Princeton, 1989.

Jurado Santos, Agapita, *Recorridos del «Quijote» por Europa (siglos XVII y XVIII). Hacia una bibliografía*, Reichenberger, Kassel, 2015.

—, «Prefación: edición y traducción de las recreaciones quijotescas», en G. C. Pasquini (libreto)/A. Caldara (música), S*ancio Panza governatore dell'Isola Barattaria*, ed. F. Bertini; trad. A. Fiore, Società Editrice Fiorentina, Florencia, 2017, pp. IX-XXIII.

Lanuza, José Luis, *Las brujas de Cervantes*, Buenos Aires, Academia Argentina de Letras, 1973.

Lasso de la Vega, Ángel, «*Aminta*: fábula pastoril. Torquato Tasso y D. Juan de Jáuregui. La poesía bucólica», *Revista Contemporánea*, 98 (1985), pp. 247–251.

Macrí, Oreste; «L'Ariosto e la letteratura spagnola» , en O. Macrì, *Studi Ispanici. I. Poeti e narratori*, ed. L. Dolfi, Liguori, Nápoles, 1996, pp. 51-87.

Marcello, Elena, «Don Quijote en el teatro italiano: *Amore fra gli impossibili,* de Girolamo Gigli», en *Don Quijote por tierras extranjeras,* ed. H. C. Hargedon, Universidad de Castilla La Mancha, Cuenca, 2007, pp. 259-273.

—, «Introduzione», en G. Gigli, *Un pazzo guarisce l'altro,* ed. E. Marcello, Lineadacqua, Venecia, 2016, pp. 9-38.

Mariani, Tommaso, *Nerina e don Chisciotto,* en T. Mariani, *Il Castello d'Atlante* (dramma per musica dedicato a Carlo di Borbone, infante di Spagna e duca di Parma) / *Nerina e don Chisciotto,* s. e., Nápoles, 1734, pp. 48-59. Sigla: *N.*

—, *Il Don Chisciotte* [1746], en Giuseppe B. Martini, *Azione teatrale a tre voci,* composta nel febbraio 1726 / *L'impresario delle Canarie,* intermezzo a due (anno 1744) / *Don Chisciotte* intermezzo a due (nell'anno 1746) / *Il maestro di musica* a due voci con violini. *La Dirindina,* farsetta per musica (anno 1737), [partituras ms. autógrafas], ff. 68-104; http://corago.unibo.it/libretto/0001429714. Transcripción del libreto [sign. *Lo.09488*; 1954?] en http://www.

bibliotecamusica.it/cmbm/viewschedatwbca.asp?path=/cmbm/ images/ripro/ libretti/09/L009488/. Sigla: *DC*.

Marone, Gerardo, «La cultura italiana en la formación del *Quijote*», en *Homenaje a Miguel de Cervantes Saavedra en ocasión de su cuarto centenario*, Publicaciones Universidad de Buenos Aires, Buenos Aires, 1947, pp. 85-111.

Martínez del Fresno, Beatriz, *El «Quijote» en el ballet*, en el portal *El Quijote y la música*, Centro Virtual Cervantes, Madrid, 2005; http:// cvc.cervantes.es/actcult/quijote_musica/ martinez.htm.

—, «El *Quijote* en la danza europea», en *Cervantes y el Quijote,* ed. E. Martínez Mata, Arco/Libros, Madrid, 2007, pp. 287-300.

Martínez Mata, Emilio, «Las primeras recreaciones teatrales del *Quijote*: fiestas y mascaradas», en *Recreaciones teatrales del Quijote. Perspectivas teóricas, lingüísticas y culturales*, ed. E. Martínez Mata, M. Fernández Ferreiro y E. Marigno, Visor Libros, Madrid, 2019, pp. 95-114.

—, y María Fernández Ferreiro, «Recreaciones teatrales del *Quijote* en Europa: Quijotes en escena», *eHumanista/Cervantes*, 8 (2020), pp. 183-191, https://www.ehumanista.ucsb.edu/sites/default/files/site-files/cervantes/volume8/14%20Mart%C3%ADnez%20Mata%20 %26%20Fern%C3%A1ndez%20Ferreiro.pdf.

Meregalli, Franco, *La Literatura desde el punto de vista del receptor,* Rodopi, Ámsterdam, 1989.

—, «Los dos primeros siglos de recepción de la obra cervantina», en *Actas del Coloquio Internacional de la Asociación de Cervantistas*, Anthropos, Barcelona, 1993, pp. 33-42.

Muzzarelli, Carlo E., «Corsetti, Francesco», en E. Di Tipaldo, *Biografia degli Italiani illustri nelle scienze, lettere e delle arti del secolo XVIII e de' contemporanei*, Tip. del Alvispoli, Venecia, vol I, 1834, pp. 197-199.

Napoli Signorelli, Pietro, *Storia critica de' teatri antici e moderni*, V. Orsini, Nápoles, vol X, parte 2, 1813.

Papandrea, Carla, «Francesco Franchini», en *Dizionario Biografio degli Italiani*, vol. 50, Treccani, Roma, 1998, http://www.treccani. it/enciclopedia/francesco-franchini_(Dizionario-Biografico)/.

Pini Moro, Danatella, y Giacomo Moro, «Cervantes en Italia. Contributo ad un saggio bibliografico sul cervantismo italiano con un appendice sulle trasposizioni musicali», en *Don Chisciotte a*

Padova. Atti della Prima Giornata Cervantina, ed. D. Pini Moro, Programma, Padua, 1992, pp. 149-268.

Piovano, Francesco, «À propos d'une récente biographie de Léonard Leo», *Ammelbände Der Internationalen Musikgesellschaft*, 8, 1 (1906), pp. 70-95.

Pompilio, Angelo (ed.), *Padre Martini: musica e cultura nel Settecento europeo*, L. S. Olschki, Florencia, 1987.

Presas, Adela, «Modelos de representación de don Quijote en los géneros líricos europeos (siglos XVII-XVIII)», en *Comentarios a Cervantes*, ed. E. Martínez Mata y M. Fernández Ferreiro, Fundación María Cristina Masaveu Peterson, Oviedo, 2014, pp. 772-781.

—, «Recreación del *Quijote* en la ópera italiana: condicionantes y convenciones del género receptor», *Cuadernos AISPI*, 5 (2015), pp. 189-202.

Quinziano, Franco, «Ausencias, presencias y estímulos cervantinos: una aproximación al *Quijote* en la Italia del XVIII», en *Actas del IX Coloquio Internacional de la Asociación de Cervantistas, (IX CIAC)*, ed. C. Park, Universidad Hankuk de Estudios Extranjeros, Seúl, 2005, pp. 475-495.

—, «Don Quijote en la Italia del XVIII: imitaciones, derivaciones y adaptaciones cervantinas», en *Italia-España-Europa: relaciones culturales, literaturas comparadas, tradiciones y traducciones,* vol. II, ed. M. Arriaga Flórez y otros, Arcibel, Sevilla, 2006, pp. 291-308.

—, *España e Italia en el siglo XVIII: presencias, influjos y recepciones*, Eunsa, Pamplona, 2008a.

—, «En torno a la recepción crítica del *Quijote* en la cultura italiana del siglo XVIII: un campo poco abonado», *Anuario de Estudios Cervantinos*, 4 (2008b), pp. 239-264.

—, «Ecos cervantinos en los escenarios italianos del XVIII. Baretti y Corsetti: dos modelos de apropiación e inversión», *Cuadernos de Estudios del siglo XVIII*, 26 (2016), pp. 111-135.

—, «Cervantes en los escenarios de la Italia del XVIII: folclore, tradición caballeresca y degradación burlesca en el *intermezzo Don Chisciotte nella selva di Alcina*», *eHumanista/Cervantes*, 6 (2018), pp. 197-213.

—, «*Don Chisciotte in Venezia* de G. Baretti: mundo carnavalesco, trama burlesca y degradación caballeresca en los escenarios del siglo XVIII», *Hipogrifo. Revista de Literatura y Cultura del Siglo de Oro*, 8, 1 (2020), pp. 133-159.

—, «Introducción», en G. Baretti, *Don Quijote en Venecia/Don Chisciotte in Venezia*, ed. F. Quinziano, Luna de Abajo-GREC, Oviedo, 2023, pp. 11-98.

Redondo, Agustín, «El *Quijote* y la tradición carnavalesca», *Anthropos*, 98-99 (1989), pp. 93-99.

Refini, Eugenio, «L'incantesimo di Alcina: variazioni operistiche su un mito letterario», en VV. AA., *Il dialogo creativo. Studi per Lina Bolzoni,* M. Pacini Fazzi, Lucca, 2007, pp. 325-340.

Riley, Edward, *Introducción al «Quijote»*, Crítica, Barcelona, 2000.

Rius, Leopoldo, *Bibliografía crítica de las obras de Miguel de Cervantes Saavedra*, Burt Franklin, New York, 1895-1904, 3 vols.

Ruffinato, Aldo, «Cervantes en Italia, Italia en Cervantes», en *Cervantes en Italia (X CIAC, Roma 27-29 setiembre 2001)*, ed. A. Villar Lecumberri, Asociación de Cervantistas, Palma de Mallorca, 2001, pp. 3-18.

—, «Cervantes y Ariosto: la continuidad de un diálogo intertextual», en *Trayectorias literarias hispánicas: tradición, innovación y nuevos paradigmas*, ed. V. Orazi, F. Cappelli, I. Scamuzzi y B. Greco, AISPI, Roma, 2019, pp. 21-41.

Ruta, Maria C., «Cervantes e l'Italia: un furto di parole in corso», *Parole rubate*, 8 (2013), pp. 97-124.

—, «El canto de don Quijote en los libretos de óperas italianos», *Critica del testo*, XX, 3 (2017), pp. 219-235.

—, «Prefación», en Apostolo Zeno–Pietro Pariati, *Don Chisciotte in Sierra Morena*, ed. E. Martini, trad. A. Jurado Santos, Società Editrice Fiorentina, Florencia, 2019, pp. VII-XXV.

Sangalli, Maurizio (ed.), *Il Seminario di Siena: da arcivescovile a regionale. 1614-1953/1953-2003*, Rubbettino, Cosenza, 2003.

Scamuzzi, Iole, *Don Quijote en el melodrama italiano entre los siglos XVII y XVIII. Encantamiento y transfiguración*, Academia del Hispanismo, Vigo, 2007.

Scherillo, Michelle, *L'opera buffa napoletana durante il Settecento*, R. Sandron, Palermo, 1917.

Sito Alba, Manuel, «*La commedia dell'arte*: clave esencial en la gestación del *Quijote*», *Arbor*, 456 (1983), pp. 7-30.

Spera, Lucinda, «Girolamo Gigli», en *Dizionario Biografico degli Italiani*, vol. 54, Treccani, Roma, 2000, https://www.treccani.it/enciclopedia/girolamo-gigli_(Dizionario-Biografico)/ .

Toscani, Carlo, «Pergolesi, Giovanni Battista», en *Dizionario Biografico degli Italiani*, vol. 82, Treccani, Roma, 2015, https://www.treccani.it/enciclopedia/giovanni-battista-pergolesi_(Dizionario-Biografico).

Vocabolario degli Accademici della Crusca, Accademia della Crusca, Florencia,1863-1913, 5ª ed. http://www.lessicografia.it/ *Crusca*

Vocabolario Treccani, Istituto della Enciclopedia Italiana, Roma; www.treccani.it. *Treccani.*

Zoppi, Federica, *Risa, sonrisa, ironía en el «Quijote», Burlas de acción y burlas de palabra,* Editorial Academia del Hispanismo, Vigo, 2016.

Don Quijote en la floresta de Alcina

CONTRASCENE PER MUSICA[1]

Cantata para dos voces para representarse
en el Seminario Arzobispal
de San Giorgio de Siena en el Carnaval
del año 1752[2]

---

[1] *Contrascena* (o *controscena*): acción escénica de uno o más
actores recitada en silencio mientras interactúan y hablan los
demás, frecuentemente como aclaración o complemento de la
acción de estos (*Treccani*); acción escénica muda que algunos
actores desempeñan para afirmar la verosimilitud durante
las bromas o burlas de los actores principales (*Crusca*).

[2] *Cantata*: composición para voces e instrumentos, formada
por arias, recitativos y coros, que floreció en los escenarios
italianos en los siglos XVII y XVIII.

PRIMERA PARTE

DON QUIJOTE y SANCHO PANZA, su criado, luego
NERINA, vestida de amazona.[3]

DON QUIJOTE
　La la ra la ra lala.
　(A SANCHO).
　¿De qué te ríes, bestia?[4] Ocupa tu lugar. ¿Qué nueva
　usanza es esta ahora? ¿Desde cuándo se ha visto
　que un simple escudero
　camine al lado de su caballero?[5]　　　　　　　　　　5
　Vamos, ¿en qué piensas? Lleva
　a pastar, entre esos pastizales,
　a mi gran Rocinante;

SANCHO sale

---

[3]　*Amazonas*: nombre conferido en la mitología griega a las mujeres pertenecientes a un Estado fabuloso situado en la costa meridional del mar Negro que destacaron por sus habilidades para cabalgar, así como por su coraje y orgullo; por extensión hace referencia a las mujeres que exhiben actitudes viriles o dotadas de espíritu guerrero, como es el caso de esta Nerina decidida, audaz y valerosa.

[4]　El proceso de animalización de Sancho se halla presente desde el inicio de la pieza dramático-musical; sucesivamente acabará desplazándose hacia el mismo caballero manchego (v. 240); véase nuestra «Introducción» (pp. 76-77).

[5]　Era costumbre que el escudero, quien cuidaba y debía mantener el equipo y las armas del caballero, siguiese a su amo y no que marchase o cabalgase a su lado.

mientras tanto yo sobre este
excelso monte, firme y rocoso, 10
como si estuviese en un mórbido lecho,[6]
mis delicados miembros apoyo,
cuando sopla la fresca brisa;
y, si es posible,
en ayunas me tomo un breve descanso. 15

Aria.

Dulces y lascivas brisas
de mi rostro enamoradas,
os suplico, por favor, no turbéis
el descanso de este errante
y titubeante caballero.[7] 20

Breve espacio…

Se oye un ruido que procede de dentro.

¿Qué sucede? ¡Enemigos! ¡Oh, diablos!
¿De dónde viene la emboscada?
¿De aquí? ¿De allí? Detente; alguien quiere engañarme.
Tomemos coraje. Eh, ¿Sancho Panza? 25
Sancho Panza ha salido corriendo
despavorido, el haragán…[8]

---

[6] Antítesis: *monte duro y rocoso / mórbido lecho.*

[7] *Titubeante caballero:* es el mismo personaje cervantino quien desde los inicios enfatiza su carácter dubitativo, pasivo e indeciso.

[8] Dos de las notas distintivas del Sancho cervantino, en especial en la primera parte, son el miedo y la cobardía, artísticamente desarrollada en el célebre episodio de los batanes (*Quijote*, I, 21). Del mismo modo que en el proceso de animalización mencionado que, iniciado en Sancho, acabará afectando también a don Quijote, a lo largo de la trama del *intermezzo* este acabará heredando las dudas, los temores y la cobardía de su escudero; ver «Introducción», pp. 81-82.

NERINA
Este es aquel loco[9]
que quiere ser guerrero, y es más vil,
en cambio, que la misma vileza.   30

SANCHO regresa.

Con él quiero divertirme, por lo que dejo
la portentosa vara y empuño las armas.[10]

DON QUIJOTE
Bella guerrera…

NERINA
¿Quién eres?

DON QUIJOTE
Soy caballero,   35
y este es mi escudero.

NERINA
¿Su nombre?

---

[9] Primera alusión el tema de la locura, verdadero *leitmotiv* de la breve farsa, que moldea al caballero manchego —también en la cultura italiana— como estereotipo de hombre alocado y enajenado que ha perdido la razón. Ver Quinziano (2018: 208).

[10] Como se ha indicado en la «Introducción» (pp. 54-55), Nerina es un personaje que procede de la literatura pastoral italiana (Tasso), en la que la vara, junto al cayado, han sido herramientas de gran utilidad para los pastores en su labor diaria. La vara se caracteriza por tener una forma recta y rígida, generalmente hecha de madera resistente; su función principal era la protección, al utilizarse para ahuyentar a los depredadores y mantener así a salvo al rebaño.

DON QUIJOTE

Esta bestia, instruida,[11]
se llama Sancho Panza;
la otra bestia, que es mi corcel,   40
se apellida Rocinante,
y yo por último soy
don Quijote, caballero errante.

NERINA

¿Qué te condujo hasta esta floresta?[12]

DON QUIJOTE

La casualidad.   45

NERINA

¿Sabes que aquí reina Alcina,[13]
de quien soy fiel criada?

DON QUIJOTE

No, no lo sé.

---

[11] Antítesis como recurso para promover la risa y la comicidad.

[12] Se ha optado traducir el vocablo italiano *selva* por *floresta*. Además de presentar la misma acepción que aquel y *bosque* en español, y evitar todo equívoco o confusión con el valor semántico que hoy presenta el vocablo *selva* en nuestro idioma ('selva tropical', 'jungla'), el término se halla asociado especialmente al mundo y género de caballerías. Por otro lado, *floresta*, sumamente presente en los libros de caballerías como ámbito privilegiado en que se desenvuelven las peripecias del héroe, con su carga de aventuras, peligros y maravillas, nos traslada a un espacio misterioso, salvaje y encantado, el mismo en el que transcurre el *intermezzo*.

[13] Alcina: referencia a la hechicera del poema ariostesco *Orlando furioso*, de Ariosto (cantos VI-VIII). Sobre la presencia y explotación de este personaje en el drama musical del *Settecento* se remite al artículo de E. Refini (2007).

NERINA
Pues te lo digo yo.

DON QUIJOTE
¡Qué bruja tan simpática!   50

NERINA
¿Sabes que eres prisionero?

DON QUIJOTE
¿De quién?

NERINA
De Alcina.

DON QUIJOTE
¡Oh, esto es una trampa!

NERINA
Y ahora mismo, encadenado, ante ella   55
te conduciré, si conmigo
no superas el desafío de las armas.

DON QUIJOTE
¿Armas? (Esta no bromea).
(A SANCHO).
¡Eh, cierra la boca, ignorante!

NERINA
Si vences, obtendrás la libertad como premio.   60
Pero si cedes y te rindes, junto a tu escudero
prisionero serás. ¡Desenfunda la espada!

DON QUIJOTE

¡Eh, esto es burla! En su defensa
estoy listo para empuñarla,
pero no para ofenderla (el cielo me proteja).   65

NERINA

Comencemos.

DON QUIJOTE

Oh, oh, oh, oh, sin tanta prisa.
(A SANCHO).
¿De qué te asombras?
(A NERINA).
Sepa disculparle. Él no entiende.
(A SANCHO).
¿No sabes que manos blancas no ofenden?[14]   70

---

[14] *Manos blancas no ofenden*: expresión que señala que una ofensa no causa ningún efecto en el ofendido debido a las características de la persona que la ejecuta. Aunque la frase que la ha hecho famosa se le atribuye a Francisco Tadeo de Calomarde (1773-1842) —uno de los personajes con menos escrúpulos que han circulado por las cortes de España y ministro de Fernando VII, como respuesta a la histórica bofetada que, con motivo de la derogación de la ley sálica, le propinó la irritada infanta Carlota, cuñada de Fernando VII—, la expresión ya se hallaba asentada desde tiempos antiguos. En efecto «blanca mano» es una imagen presente desde las literaturas de la Antigüedad, como la Biblia: «Ahora mete la mano en tu seno» dice Dios a Moisés. Devolviendo su mano desde su seno, Moisés se da cuenta de que su mano está tan blanca como la nieve. Aquí, la blanca mano es literalmente un milagro, pero actúa como una metáfora para expresar la capacidad de hacer justicia y dirigir a la gente oprimida hacia un mejor lugar. Del mismo modo la «blanca mano» está presente en el capítulo 40 de la afamada novela cervantina: en este caso, la blanca mano pertenece a Zoraida, quien salva a Ruy Pérez de Viedma de su cautividad. Tal como en la Biblia, también en Cervantes, la mano simboliza la salvación y la recuperación de la libertad perdida.

NERINA

No perdamos más tiempo en charlas inútiles;
Date prisa, te digo, o bien yo…

DON QUIJOTE

Cáuseme también
todo el mal que usted considere;
que, sin lamentarme, lo toleraré.   75

NERINA

Eres cobarde, pusilánime…

DON QUIJOTE

(A SANCHO).
¿Y qué quieres decirme
con ese gesto desagradable?
Es mujer, ¿o es que no lo sabes?

NERINA

Pero soy también guerrera.

Aria.

Soy guerrera y quiero batalla: 80
bajo esta espada afilada
esa cabeza al suelo caerá,
como preciado trofeo de mi valía;
y amputada de su vil busto,   85
impregnada en su propia sangre,
juego o burla será dentro de poco
de mi pie vencedor.

No demoremos más.

DON QUIJOTE
(A SANCHO).
Muy bien,   90
¿qué pretendes, qué deseas? ¿Un asesinato? O sea, yo,
que soy uno de los más temidos caballeros,
¿para complacerle a usted, un feminicidio,
contra mi voluntad deberé llevar a cabo?[15]

NERINA
Pues, ¡vamos ya!   95

DON QUIJOTE
Piénseselo bien.

NERINA
¡Basta ya de palabras!

DON QUIJOTE
Lentamente, aléjese y hágame espacio;
que tengo por costumbre comenzar desde más lejos,
para luego irme acercando poco a poco.   100

NERINA
(Se aparta).
¿Así está bien?

---

[15] En el texto italiano: «De' più temuti Cavalier l'eccidio, / Per dar gusto a costei / Dovrò far contro voglia un Donnicidio?», con el fin de respetar las rimas consonantes, se repite la idea a través de los vocablos ec*cidio*/ don*nicidio*, en los que se percibe un desplazamiento de la imagen hiperbólica de carácter general —*eccidio*— a una dimensión más recortada sobre el género, referida a las mujeres —*donnicidio*—, próximo semánticamente a lo que hoy conocemos como *feminicidio*.

DON QUIJOTE
Más aún; todavía no es suficiente.

NERINA
Eh, ¡que estás burlándote! A las armas;
o te defiendes o pereces.

DON QUIJOTE
Estoy listo: a las armas, a las armas.
(¡Oh, qué escalofrío!).   105

    NERINA va a su encuentro y él enseguida retrocede.

Perdóneme la vida, por favor. He sido vencido; renuncio;
por indulgencia, por piedad…

NERINA
Te la concedo.
Depón las armas y que sepas
que eres mi prisionero.   110

DON QUIJOTE
Sí, señora.

NERINA
Y tu escudero también.

    Entran dos GUERREROS.

Encadenad a ambos
con pesados grilletes.

DON QUIJOTE

   (Al GUERRERO).

   ¿Qué dice? ¿Grilletes a mí? ¿A un caballero?   115

   (A NERINA).

   Discúlpeme, perdóneme.

   (Al GUERRERO).

   Usted no sabe quién soy yo.

   Ecoutez; merbleu diable.[16] Antes, sufriré…

   Haré… ¿Pero qué digo? Sí, primero

   me haré mutilar y cortar en trozos.   120

   Ay, ella quiere burlarse.

   ¡Apártese, infame!,

   aléjese de mí; no profanéis

   este honrado cuerpo

   con vuestras manos indignas;   125

   o yo solo con mi aliento,

   os asesino, os enveneno,

   os dejaré desangrando ¡Estoy desesperado!

NERINA

   Deprisa, deprisa, ¡obedeced!

DON QUIJOTE

   Eh, tened piedad, ¡escuchadme…! *(lo encadenan).*   130

   Dejad al menos que yo… Pero estoy hablándole

      al viento,

   ¡qué sordos son estos!

   ¡Oh fortuna! ¡Oh crueldad! Siento que desfallezco…

---

[16] Expresión francesa, que podría traducirse del siguiente modo: '¡Escúcheme!, ¡maldición, diablos!'.

NERINA
  Enredado en sus ataduras
  tiembla el infame.   135

DON QUIJOTE
  Armonía y hermoso rostro;
  no manifieste tanto desprecio.

NERINA
  Este es tu destino
  y no habrá paz.

DON QUIJOTE
  Me encomiendo a mi destino,   140
  no me rindo a ti.
  ¡Qué agravio es este!
  ¡Venganza yo anhelo!

NERINA
  ¡Qué lunática cabeza!
  ¡Qué disparatado orgullo!   145

DON QUIJOTE
  De los hombres y los dioses
  yo desafío la fe.

NERINA
  Los hombres y los dioses
  a mi servicio están.

Fin de la primera parte.

SEGUNDA PARTE

Nerina, vestida de maga, y don Quijote.

NERINA

    ¿No ha sido entonces temor, sino solo respeto   150
    por el sexo débil,
    aquello que movió antes
    tu intrépido pecho
    a deponer las insumisas armas ante estos arbustos?

DON QUIJOTE

    Claro. Usted es una dama, y yo   155
    soy caballero, sobre todo caballero andante.
    Conozco mis deberes, aunque conservo un corazón
        tan orgulloso
    que podría comerme al mundo entero.

NERINA

    (¡Qué ingenuo! Ahora lo veremos). Se esconde
    entre estas hórridas piedras   160
    un abundante tesoro. Y esto, como te dije,
    si no temes,
    será el premio a tu valor.
    Y, como recompensa, también la libertad obtendrás.
    Pero si tienes miedo, esclavo de Alcina,   165
    en la cárcel morirás.
    ¿Qué dices?

DON QUIJOTE

Yo me río. Quédese tranquila, lo buscaré.
(Estoy empezando a temblar de miedo).
Solo una cosa me aflige,   170
y es que estamos en plena oscuridad y mi coraje
se perderá entre las sombras.

Aparece un resplandor.

NERINA

He aquí una antorcha encendida para estos
        precipicios.[17]

DON QUIJOTE

¡Para qué lo habré dicho!

NERINA

¡Cógela!   175

DON QUIJOTE

¡Ay de mí!

NERINA

¿Tienes miedo?

---

[17] En el texto italiano se lee *abissi* ('abismos'), término que alude tanto a
'sima' como a 'barranco', 'precipicio'; en sentido poético puede hacer
referencia asimismo al infierno, como en el libreto de Baretti *Don Quijote en Venecia* (Quinziano 2023: 116-117) y en un campo simbólico, al
orco, el reino del inframundo, «lugar, en la Roma clásica, contrapuesto
a la tierra, adonde iban a parar los muertos» (*DRAE*). Este doble valor
semántico del *abismo* se confirma más adelante cuando Nerina invoca
el Averno (v. 203), símbolo del abismo que conduce al inframundo.

DON QUIJOTE
Disculpe usted.

NERINA
Doy comienzo en este instante
con los poderes mágicos a mis hechizos…   180
Apoyo aquí mis plantas y hierbas;
extiendo mi brazo y hacia aquella parte,
hacia donde se pone el sol, miro tres veces.
Luego en el suelo
doy tres vueltas con esta potente vara   185
formando un círculo…[18] Pero ¿tú tiemblas?
Dime, pues, ¿de qué tienes miedo?
Ya te he dicho, y vuelvo a repetirte,
si en ti domina el temor,
el poder de mi magia no tiene fuerza y resulta
    infructuosa.   190

DON QUIJOTE
No tenga dudas, señora,
no tiemblo de miedo;
tiemblo, porque sufro de fiebre cuartana.[19]

---

[18] Las prácticas y los recursos de las magas se diferenciaban de las que ostentaban las hechiceras: Cervantes distinguió claramente ambas «artes», dignificando el de aquellas; así en el *Persiles*, Cenotia enfatiza que «nosotras, las que tenemos nombre de magas y de encantadoras, somos gente de mayor cuantía; tratamos con las estrellas, contemplamos el movimiento de los cielos, sabemos la virtud de las yerbas, de las plantas, de las piedras» (I, p. 216). Véase lo que comentamos a este respecto en la «Introducción», pp. 71-73.

[19] *Cuartana*: la fiebre cuartana es una forma de paludismo que representa una variedad clínica de la malaria. La enfermedad aparece en un intervalo de tres a cuatro días, de ahí su nombre. Esta fiebre se repite en intervalos más largos de los dos días de otras especies de parásitos y suele transmitirse por picaduras de mosquito.

NERINA
Aria.

No, no tiemblas por la fiebre,
      alma vil e infame;   195
esa es la justificación habitual
de todo hombre que no tiene honor.
Tiemblas, porque te hallas privado
      de aquel antiguo, altivo y
            alto valor guerrero,   200
      que no sabe jamás temer.

Venid, eh…, venid,
sombras del Averno y,[20] junto al tricéfalo Cerbero,[21]
venga la cruel Hidra[22] y acudan

---

[20] *Averno*: lago volcánico de la ciudad de Nápoles, situado en la zona de los Campos Flegrei, cuyas exhalaciones sulfurosas, según la leyenda, mataban a las aves que lo sobrevolaban. Los antiguos griegos y romanos atribuyeron a dicho lugar ser el ingreso al mundo de la ultratumba; sucesivamente, el Averno en la poesía latina y clasicista pasó a designar genéricamente al reino de la muerte, el inframundo.

[21] *Cerbero* (en griego: Κέρβερος o *Kérberos*, 'demonio del pozo'): conocido también como Can Cerbero o Cancerbero, era un perro monstruoso de tres cabezas —Veltesta (izquierda), Tretesta (central) y Drittesta (derecha)— y según la mitología griega era el can del dios Hades, hermano de Zeus. Era hijo de Tifón, monstruo alado con serpientes en sus muslos, y de Equidna, ninfa con torso de mujer y cuerpo de serpiente, y custodiaba las puertas del reino de Hades, el inframundo griego, para asegurarse de que los muertos no salieran y de que los vivos no pudieran entrar.

[22] *Hidra de Lerna* (en griego: Λερναῖα Ὕδρα o *Lernaīa Hýdra*): en la mitología griega hacía referencia a un despiadado monstruo acuático, de aliento venenoso, asociado a los dioses o espíritus del inframundo, con forma de serpiente policéfala (su número de cabezas iba desde tres, cinco, siete o nueve hasta cien) y aliento venenoso, a quien Hércules dio muerte en el segundo de sus doce trabajos. Las cabezas eran humanas y la central era eterna. Emparentada con Cerbero, era también hija de

también las Euménides.[23]

DON QUIJOTE

(¡Ay de mí, ya no puedo más!).   205

NERINA

Del reino del horror proceden a menudo
los más feroces y atroces monstruos.

DON QUIJOTE

Por favor, Nerina,
dejemos en paz a toda esa gente,
que puede perturbar nuestros asuntos.   210

NERINA

Que se presente la horrible Megera,[24]

Tifón y de Equidna y poseía la virtud de regenerar dos cabezas por cada
una que perdía o le fuese amputada. Habitaba el lago de Lerna, en el
golfo de la Argólida, cerca de Nauplia, y bajo sus aguas se hallaba una
entrada al inframundo, que precisamente la Hidra guardaba.

[23] *Euménides*: significa 'las benévolas'. Son las diosas de la venganza que
persiguen a Orestes por la muerte de su madre Clitemnestra en la tra-
gedia homónima del dramaturgo Esquilo (Eleusis, ca. 525 a. C. - Gela,
ca. 456 a. C.), última obra de su trilogía de la *Orestíada* (las otras dos
son *Agamenón* y *Las coéforas*). La pieza narra cómo Orestes, Apolo y
las Furias comparecen ante un jurado de atenienses (Areópago) para
decidir si el asesinato de Clitemnestra por parte de su hijo, Orestes, le
hace merecedor del tormento que le infligen. Orestes es encontrado
inocente gracias a la ayuda de Apolo y Atenea.

[24] *Megera* (en griego Μέγαιρα, 'la de los celos' o 'la celosa'): es un personaje de la mitología griega. Hace referencia a una de las tres Erinias,
las diosas infernales del castigo y la venganza divina. Por antonomasia
alude a una mujer de carácter áspero, violento y belicoso, por lo general anciana y de rasgos físicos afeados, próximo al modelo de la arpía
(*Treccani*).

y también Tisífone de Aleto…[25]

DON QUIJOTE

¡Seamos cautelosos, señora!, que están reposando,
dejémosles descansar en paz.
(¡Maldito tesoro!).   215

NERINA

¿No quieres venir aún?
¿Temes algo, quizás, caballero?

DON QUIJOTE

No, señora.

NERINA

Veo que estás temblando.

DON QUIJOTE

Estamos dentro de esta misteriosa floresta   220
y siento un poco de frío, por ello tiemblo;
pero intrépido y constante,
para obtener el tesoro
poseo espíritu y corazón. (Y de miedo desfallezco).

---

[25] *Tisífone de Aleto* (en griego Τισιφόνη, 'vengadora del asesinato'): en la
mitología griega era otra de las Erinias o Furias, hermana de Megera y
Alecto, y como espíritu de la venganza, tenía el cometido de castigar los
delitos cometidos por asesinato, homicidio, parricidio y fratricidio. En
el Libro VI de la *Eneida* de Virgilio, Tisífone es descrita como una de
las despiadas guardianas de las puertas del Tártaro, dios primordial y a
la vez abismo profundo que conduce al inframundo, usado como maz-
morra de sufrimiento para criminales mortales y asimismo prisión de
los dioses titanes, deidades que habían gobernado antes que Zeus.

NERINA

    Que no se demore más. ¡Hala; espíritus, venid!   225
    ¡Venid enseguida y el tesoro abrid!

Se abre el proscenio.

DON QUIJOTE

    Ah, Nerina, ¿dónde estamos?
    Esa urna allí… ¿qué es?

NERINA

    Ese es el tesoro,
    en el que hallaremos plata y oro.   230

DON QUIJOTE

    Ya se ha desvanecido el miedo,
    el temor ya no estorba mi ánimo;
    pero dígame ¿quién es la que allí reposa?[26]

NERINA

    Aquella estatua vive custodiando
    el rico tesoro. Ahora bien, para conseguirlo   235
    es necesario que tú vayas
    y cojas el anillo
    que ella lleva en su dedo anular.

---

[26] En el original, el caballero manchego se dirige a Nerina con «*dimmi*», desplazándose del trato de respeto y cortesía (usted) al de confianza (tú). Aunque el autor del libreto viola en contadas ocasiones la forma de tratamiento asimétrico que han establecido ambos protagonistas (don Quijote utiliza la fórmula de respeto: *lei*/usted; Nerina, en cambio, emplea la de confianza: tú), se ha optado por mantener siempre en la traducción el tratamiento y las variantes prenominales asimétricas (usted/tú).

DON QUIJOTE
¿Podría ir usted?

NERINA
¡Oh, qué animal!²⁷ 240
Ya casi hemos llegado al final; ahora solo falta
    alcanzar esto último,
¿y quieres perder el premio a tanto esfuerzo?
Ve ahora, no dudes; ve con determinación y coraje.

DON QUIJOTE
Ya voy, no tengo miedo;
tengo voluntad, fuerza y corazón. 245

A la ESTATUA, *mientras se aproxima.*

Disculpe, mi señora.
(¡Ay de mí, qué desagradable engaño!).

NERINA
¿Qué esperas? ¡Date prisa!

DON QUIJOTE
Ya voy, ahora mismo
(Caballero, sé valiente). 250
Quiero que sepa, señora mía,
que, cuando llega el alba…
Yo no soy… Aquel anillo…
O sea, usted… No sabría,
si los míos, o bien los suyos… 255
allí junto al amanecer.

---

²⁷ El proceso de animalización del escudero se ha desplazado ahora hacia
don Quijote; véase «Introducción», pp. 81-82.

NERINA
   ¿Sigues tardando todavía?

DON QUIJOTE
   Sepa, su señoría,
   bellísima zagala…
   (¡Ay!, que el temor me mata,   260
   y ya no me mantengo más en pie).

NERINA
   ¡Mira que eres tonto!
   Ve y coge el anillo de una vez.

DON QUIJOTE
   Sí, ya voy, pero por lo demás…

            La ESTATUA *se levanta.*

   Ya veo que seré engañado,   265
   ¡ay de mí!

NERINA
   ¿Qué te sucede ahora?

DON QUIJOTE
   ¿Es que no ve allí, no ve
   que la estatua se ha puesto de pie?

NERINA
   Ella te está llamando, ve hacia allí.   270

DON QUIJOTE
   ¿Quiere que yo vaya?

NERINA
Sí.

DON QUIJOTE
¡Ahora voy! *(a la* ESTATUA*).* ¿Y qué dice?

NERINA
Quiere bailar contigo. ¿Qué te parece, eh?
¿Bailarás de buena gana?   275

DON QUIJOTE
No sé bailar.
(A la ESTATUA*).*
Señora, sepa disculparme.

NERINA
Como gesto de buena educación,
invítala a bailar.

DON QUIJOTE
(Estoy perdiendo la cabeza).   280
Venga, bailemos: pero ¿me dará el anillo?
(Baila).[28]
Me pregunto ¿qué extraña cortesía es esta?
Usted me partió la cabeza;
he bailado, he sudado y he quedado maltrecho;
o usted me da el anillo,   285
o por este baile quiero ser recompensado.

---

[28] La situación recuerda a los don Quijotes danzarines que afloraron en las primeras recreaciones cervantinas en los escenarios (*ballets*, mascaradas y pantomimas), a lo largo del siglo XVII, sobre todo en España y Francia; ver Martínez de Fresno (2005 y 2007) y Martínez Mata (2019).

NERINA

(Contener la risa no puedo).
El tesoro ya es tuyo, no debes gritar más.
Ve hacia allí y toma
lo que más te agrade.   290
Date prisa.

DON QUIJOTE

Le digo la verdad,
quisiera que estuviese más cerca.

NERINA

Aquí estoy, a tu lado.

DON QUIJOTE

¡Ay de mí! Nerina,   295
ayúdeme por favor; que me muero.
(¡Maldito tesoro!).

NERINA

(El simplón me hace reír y
a la vez me inspira piedad).

DON QUIJOTE

Nerina, mi consuelo.[29]   300

NERINA

¡Levántate, haragán!

---

[29] Error de tipografía, al no existir concordancia en el texto italiano entre
el posesivo y el sustantivo (en el libreto puede leerse «mia conforto», en
lugar de «mio conforto»). Existe la posibilidad que se trate de otro error
tipográfico diferente, ya que no puede descartarse la expresión, más
acorde con el contexto de la breve pieza, «Nerina, mi [di]a conforto».
En ese caso la traducción sería «consuéleme; deme consuelo».

DON QUIJOTE

Ay de mí, desfallezco.
Estoy agitado, tiemblo y sudo frío.
Cómo acabará, no lo sé.

NERINA

Pobrecito, cito, cito,   305
el miedo te congeló.

DON QUIJOTE

Dígame, pues ¿dónde está su corazón piadoso?

NERINA

¿Anhelas un lecho donde descansar?
Yo te diré
dónde lo encontrarás.   310

DON QUIJOTE

¡Oh no!
Dormir no es lo mío.

NERINA

(Aludiendo a la ESTATUA*).*
¡Eh, te está llamando!

DON QUIJOTE

¡Ah, *madame*!

NERINA

Mira; se ha girado por gentileza.   315

DON QUIJOTE

Ah…, dele las gracias y marchémonos ya.

NERINA
Como caballero errante
dejas mucho que desear.

DON QUIJOTE
Sancho, mi querido escudero,
¿dónde estás? ¡Qué desagradable percance!   320

NERINA
¡Qué guerrero! ¡Qué persona sensata!
¡Oh, cuánta simplicidad!

DON QUIJOTE
¿Quién me libra, quién me salva
de estas sombras por piedad?

NERINA
Si permanecer aquí no te aflige,   325
mucha plata y oro obtendrás.

DON QUIJOTE
Si logro salir ahora de este incidente,
no más engaños ni más desventuras.

NERINA
Vivirás siempre a duras penas
convertido en esclavo de la cobardía.   330

DON QUIJOTE
Quiero huir, como el viento,
fuera del mundo, y aún más allá.

FIN

DON CHISCIOTTE NELLA SELVA DI ALCINA

CONTRASCENE PER MUSICA

Cantata a due voci nel Seminario
Arcivescovaledi San Giorgio di Siena
nel Carnevale dell'anno 1752

PARTE PRIMA

Don Chisciotte e Sancio Panza, suo servo, poi
Nerina vestita da amazzone.

Don Chisciotte

    La la ra la ra la la
    (*A Sancio*)
    Tu ridi, Bestia? Al luogo tuo, qual nuova
    Usanza è questa? Quando mai si vide
    Un semplice scudiero
    Del pari camminar col Cavaliero?   5
    Su via, che badi? A pascere
    Porta fra quelle piante
    Il mio gran Ronzinante;

Sancio parte

    Ch'io frattanto su questo
    Duro Figlio d'alpestre eccelso monte   10
    Le languidette, e delicate membra,
    Quasi in morbido letto,
    Al mormorar della fresc'aura poso;
    E se possibile sia
    Prendo, a ventre digiun, breve riposo.[1]   15

---

[1] De entre las combinaciones de versos de arte mayor y menor en una misma composición, destacan por su popularidad las que se caracterizan por la alternancia exclusiva de heptasílabos con endecasílabos. Existen variadas estrofas que combinan estos dos tipos de versos; sin

Aria.

'Dolci aurette lascivette[2]
Del mio volto inn morate,
Per pietà, deh![3] Non turbate
Il riposo a quest'errante
Titubante Cavalier.'   20

Breve spazio...

S'ode rumore di dentro.

Cos´ è? Nemici. Oh, Diavolo!
Da qual parte è l'aguato?
Di quà? Di là? Ferma; son imbrogliato.
Ma facciamoci cor. Eh Sancio Panza?   25
Sancio Panza è fuggito
Per paura, il poltron...[4]

NERINA

Questo è quel pazzo,
Che vuol far da guerriero, ed è più vile
Della stessa viltà.   30

---

pretender ser exhaustivo, pueden recordarse la lira, la silva, la estancia de la canción petrarquista, diversos estrambotes de sonetos, así como todas las variantes aliradas que se derivan de una u otra manera de la canción petrarquista.

[2] *Aurette*: diminutivo de *aura*, 'leggero venticello', (literario; poético), especialmente para indicar aire en movimiento o ligera brisa (*Treccani*).

[3] *Deh*: interjección, vocativo de *deus*, 'dios' (literario; poético). Exclamación que introduce generalmente un ruego o expresión de un deseo.

[4] *Poltron[e]*: 'persona vaga, haragana, ociosa, perezosa' (*Treccani*).

SANCIO torna.

Con lui spassar mi voglio; onde deposi
La verga portentosa, e cinsi l'armi.

DON CHISCIOTTE
Bella Guerriera…

NERINA
Chi sei?

DON CHISCIOTTE
Son Cavaliero,   35
E questi è il mio scudiero.

NERINA
Il nome?

DON CHISCIOTTE
Questa bestia, con creanza,
Si chiama Sancio Panza;
L'altra, ch'è il mio destriero,   40
S'appella Ronzinante,
Ed io per terzo sono
Il Don Chisciotte Cavaliero errante.

NERINA
Chi ti condusse a questa selva?

DON CHISCIOTTE
Il Caso.   45

NERINA
Sai, che qui regna Alcina,
Di cui son fida Ancella?

DON CHISCIOTTE
Nol so.

NERINA
Te lo dich'io.

DON CHISCIOTTE
Buona zittella![5]   50

NERINA
Sai, che sei prigionier?

DON CHISCIOTTE
Di chi?

NERINA
D'Alcina.

DON CHISCIOTTE
O questo è imbroglio!

---

[5] *Zitella/Zittella*: procedente del sobrenombre o nombre toscano Zita, derivado de una variante del vocablo *cita* o *citta*, significa literalmente *bambina, fanciulla*, 'muchacha, señorita' (el masculino es *zitello*, 'muchacho'), cuyo sentido es el que presenta el texto. Actualmente alude a toda mujer que no ha contraído aún matrimonio, por lo general ya en edad madura o avanzada, y que, en el marco de la sociedad patriarcal, ha ido adquiriendo un carácter despectivo (*solterona*). Con sentido peyorativo y ofensivo, que es el que hoy domina también en el habla, 'mujer irritable y antipática', de carácter hosco (*Treccani*); por extensión 'arpía', 'bruja'.

NERINA

    E a lei fra' lacci or'ora   55
    Ti condurrò, se meco
    Tu non resisti al paragon dell'armi.[6]

DON CHISCIOTTE

    Armi? (Costei non burla).
    (*A SANCIO*).
    Eh taci, ignorantone.

NERINA

    Se vinci, in premio avrai la libertà.   60
    Ma, se mi cedi poi, col tuo Scudiero
    Prigioniero sarai. Snuda quel ferro.

DON CHISCIOTTE

    Eh burla! In sua difesa
    Son pronto ad impugnarlo,
    Ma non già (guardi il Ciel), per farle offesa.   65

NERINA

    Annoi.

DON CHISCIOTTE

    Oh oh oh oh, non tanta fretta.
    (*A SANCIO*).
    Di che ti meravigli?
    (*A NERINA*).
    Lo scusi; Ei non intende.

---

[6] Sobre esta expresión, «paragon dell'armi», Refini (2017: 329) percibe una alusión a la *Jerusalen liberada* (XII, 52-62, 64-58) de Tasso, refundida por Claudio Monteverdi en *Madrigali guerrieri et amorosi* (1638); véase la «Introducción», p. 46-47, nota 36.

(*A Sancio*).
Non sai, che *mano blanca* non offende?   70

NERINA

Non la mandiano in ciarle;
Sbrigati, dico, o ch'io …

DON CHISCIOTTE

Mi faccia pure
tutto il peggio, che può;
Che senza risentirmi il soffrirò.   75

NERINA

Eh codardo, vigliacco…

DON CHISCIOTTE

(*A Sancio*).
E che vuoi dire
Con quella brutta cera?
E' Donna, che nol sai?

NERINA

Aria.

Ma son guerriera.   80
'Son guerriera e voglio guerra:
Sotto il fil di questa Spada,
Quella testa a terra cada,
Bel trofeo del mio valor;   85
E dal busto vil recisa,
Nel suo proprio sangue intrisa
Scherno, o giuoco sia tra poco
Del mio piede vincitor.

Più non si tardi.

DON CHISCIOTTE
 (*A Sancio*).
 Oh bene,   90
 Che pretendi, che vuoi? Dunque io, che sono
 Dei più temuti Cavalier l'eccidio,
 Per dar gusto a costei
 Dovrò far contro voglia un Donnicidio?

NERINA
 Su via.   95

DON CHISCIOTTE
 Ci pensi ben.

NERINA
 Non più parole.

DON CHISCIOTTE
 Pian piano: si discosti e mi dia loco;
 Che ho per costume incominciar da lungi,
 E andarmi avvicinando a poco a poco.   100

NERINA
 (*Si scosta*).
 Basta così?

DON CHISCIOTTE
 Più, più; non basta ancora.

NERINA
 Eh che tu burli. All'armi,
 O ti difendi o mori.

Don Chisciotte

Sono pronto: all'armi, all'armi. (Oh batticori).   105

Nerina gli va incontro ed egli subito cede.

La vita in cortesia. Son vinto; io cedo;
Per grazia, per pietà…

Nerina

Te la concedo.
L'armi deponi, e sappi
Che sei mio prigioniero.   110

Don Chisciotte

Sì, Signora.

Nerina

E il tuo scudiero ancora.

Escono due Guerrieri.

Olà, olà, si cingano costoro
Di pesanti catene.

Don Chisciotte

(*A Guerriero*).
Comment?[7] Catene a me? Ad un par mio?[8]   115
(*A Nerina*).

---

[7] *Comment* (galicismo): '¿cómo?', '¿qué dice?'

[8] *Par*: forma trunca de *pari* (en este contexto se refiere a 'de igual condición'), muy frecuente en especial con la unión de un adjetivo posesivo singular (*da par suo, un par mio*) y en algunas locuciones como *al par di lui* y similares (*Treccani*).

Mi scusi, mi perdoni.
(*A GUERRIERO*).
Lei non sa chi son'io.
Ecoutez; morbleù diabl[e]. Pria soffrirò...[9]
Farò... Ma che? Sí, a pezzi
Pria mi farò tagliare.   120
Eh, ch'ella vuol burlare.
Scostatevi, canaglia,
Lungi, lungi di me; non profanate
Queste membra onorate
Col vil contatto delle mani indegne;   125
O ch'io col solo fiato
Vi uccido, vi avveleno,
Vi sveno, *scerneblu.* Son disperato.

NERINA
Presto, presto ubbidite.

DON CHISCIOTTE
Deh per pietà,[10] sentite... *(l'incatenano).*   130
Lasciate almeno, ch'io... Ma parlo al vento,
Che sordi son costoro.
O sorte! O crudeltà! Morir mi sento.

---

[9] *Pria*: adverbio temporal *prima* ('en primer lugar, primero, antes'), frecuente en la obra de Dante. Aunque en rigor, ambas formas —*prima* y
pria— no deberían ser asimiladas, al reconocer orígenes diversos, en
general han evolucionado como si fuesen un mismo vocablo, con toda
probabilidad, a partir del toscano dantesco (*Treccani*).

[10] *Deh*: interjección probablemente del latín tardío *dee*, vocativo de *deus*,
'dios' (literario; poético). Exclamación que introduce por lo general un
rezo o precede una expresión de deseo. «Per per pietà» es un error de
tipografía.

NERINA
    Fra' lacci avvolto
    Frema l'indegno.   135

DON CHISCIOTTE
    Pace, bel volto;
    Non tanto sdegno.

NERINA
    Questo è il tuo fato,
    Pace non v'è.

DON CHISCIOTTE
    Cedo al mio fato,   140
    Non cedo a te.
    Che offesa è questa!
    Vendetta io voglio.

NERINA
    Che pazza testa!
    Che folle orgoglio!   145

DON CHISCIOTTE
    D'Uomini e Dei
    Sfido la fè.

NERINA
    Uomini e Dei
    Servono a me.

Fine della Prima Parte.

PARTE SECONDA

Nerina vestita da maga e Don Chisciotte.

NERINA

 Non fu dunque timor, ma sol rispetto   150
 Dovuto al sesso imbelle[11]
 Quel, che mosse poc'anzi
 L'intrepido tuo petto
 A depor l'arme invitte a queste piante?

DON CHISCIOTTE

 Certo. Ella è Dama, ed io   155
 Son Cavaliere, e Cavaliere errante.
 So il mio dover, ma serbo un cor sì fiero,
 Che starei per mangiarmi un mondo intero.

NERINA

 (Povero sciocco! Ora il vedrem). S'asconde[12]
 Fra questi orridi sassi   160
 Ricco tesoro. Io già tel dissi, e questo,
 Se non avrai timore,
 Sia premio al tuo valore,

---

[11] *Imbelle*: del latín *imbellis*; 'inepto para la guerra', por extensión referido a una persona débil, vil, floja. También pude aludir al mundo femenino, como en este caso, al referirse precisamente a las mujeres, concebidas por la sociedad regida por la supremacía de los hombres, como «sexo débil», a las que, entre otras actividades, como es sabido, les estaba vedado desempeñarse o servir en los ejércitos (*Treccani*).

[12] *Ascondere*: (literario) *nascondere*, 'esconder' (*Treccani*).

E in premio ancor la libertade avrai.
Ma se paventi poi, schiavo d'Alcina   165
In carcere morrai.
Che dici?

Don Chisciotte
Me ne rido. Stia sicura.
(Già comincio a tremar per la paura).
Una cosa mi spiace,   170
Che siamo troppo allo scuro, e il mio coraggio
Si perderà fra l'ombre.

Comparisce una face.[13]

Nerina
Ecco una face accesa negli abissi.

Don Chisciotte
Non l'avessi mai detto!

Nerina
Prendi.   175

Don Chisciotte
Oimè![14]

Nerina
Tu paventi?

---

[13] *Face*: (literario) *facella, fiaccola, torcia*, 'antorcha'. Por extensión, 'efecto luminoso': 'luz', 'luminosidad', 'resplandor'; (figurativo) 'cuerpo celeste': 'astro', 'sol', 'estrella' (*Treccani*).

[14] *Oimè > Ohimè*: expresión de dolor, de desesperación, abatimiento y malestar, similar a 'pobre de mí' o 'ay de mí' (*Treccani*).

DON CHISCIOTTE
    Ella scusi.

NERINA
    Principio in quest'istante
    Col magico poter gl'incanti miei…   180
    Qui fermo le mie piante;
    Ecco, che stendo il braccio, e in quella parte,
    Ove tramonta il sol tre volte io miro.
    Giro poi sulla terra
    Tre fiate ancor questa possente verga,[15]   185
    Un circolo formando… Ma tu tremi?
    Dimmi pur, di che temi?
    Io ti dissi, e ti dico,
    Che se in te v'è timore,
    L'arte mia non ha forza, ed è pur vana.   190

DON CHISCIOTTE
    Non dubiti, Signora,
    Non tremo per paura,
    Tremo, perchè patisco di quartana.

NERINA

                        Aria.

            'Di febbre no, non tremi,
                Anima infame e vile;   195
                Questo è l'usato stile
            D'uomo, che onor non ha.
                Tremi, perchè sei privo
                Di quell'antico, altero,

---

[15] *Fiata* (antiguo): 'vez/veces: una vez, dos veces, etc.' (*Treccani*).

Alto valor guerriero,   200
Che mai temer non sa.'

Venite, olà, venite,
Ombre di Averno, e col Trifauce Cerbero,
Venga l'Idra crudel, vengan l'Eumenidi.

DON CHISCIOTTE
(Oimè, non posso più).   205

NERINA
Dal regno dell'orror vengon sovente
I più feroci, e più tremendi mostri.

DON CHISCIOTTE
Nerina, in cortesia
Lasciam star questa gente,
Che po[sso]nno disturbare i fatti nostri.   210

NERINA
Venga Megera orribile,
Tisifone di Aletto…

DON CHISCIOTTE
Piano, Signora; giacchè stanno in letto,
Lasciamoli riposare a voglia loro.
(Maledetto tesoro!).   215

NERINA
E non venite ancora?
Cavalier, temi forse?

DON CHISCIOTTE
No, Signora.

NERINA
Ma ti veggo tremare.

DON CHISCIOTTE
Siam dentro a questa selva,   220
Sento un poco di freddo, perciò tremo,
Ma intrepido e costante,
Per prendere il tesoro,
Ho spirto, ho core. (E di paura io moro).[16]

NERINA
Più non si tardi. Olà, Spir[i]ti, venite   225
Venite a volo, ed il tesoro aprite

S'apre tutto il proscenio.

DON CHISCIOTTE
Ah Nerina, ove siamo?
Quel vaso là, cos'è?

NERINA
Quello è il tesoro,
Ove noi troveremo argento ed oro.   230

---

[16] El autor del libreto desplaza el registro lingüístico de este verso hacia
el dialecto napolitano, probablemente con el propósito de resaltar la
comicidad de personaje cervantino y a la vez reforzar la rima consonante pareada (*tesoro/moro*).

DON CHISCIOTTE

    Già fuggì la paura,
    Più timor non ingombra i spir[i]ti miei;
    Ma dimmi, chi è colei, che colà giace?[17]

NERINA

    Quella in custodia vive
    Di sì ricco tesoro. Or per averlo   235
    Bisogna che tu vada
    A prender quell'anello,
    Ch'ella porta nel dito auriculare.

DON CHISCIOTTE

    Potresti andarvi voi?

NERINA

    Oh che animale   240
    Di già s'è fatto il più; or resta il meno,
    E vuoi perder la sorte?
    Vanne, non dubitar; vanne da forte.

DON CHISCIOTTE

    Vado, non ho timore,
    Ho lena, ho spirto, ho core   245

        Alla STATUA *appressandosi.*

---

[17] El autor cambia registro y en esta ocasión el caballero andante se dirige a Nerina en forma de amistad o confidencialidad (tú), obviando la fórmula de cortesía y respeto (usted) que hasta ahora había utilizado y a la que a continuación, en los próximos diálogos, con excepción de los versos 268 y 307, el protagonista regresa. Por su parte, Nerina también cambia registro en dos ocasiones al dirigirse al caballero manchego, al pasar, viceversa, del tú al usted en los vv. 274 y 279.

Scusi, Padrona mia.
(Che brutto imbroglio ahimè!).

NERINA
Quando, quando ti sbrighi?

DON CHISCIOTTE
Adesso, adesso.
(Cavalier, fatti core).[18]   250
Sappia pur, mia Signora,
Che al nascer dell'aurora…
Io non son… Quell'anello…
Cioè lei… Non saprei,
Se i miei, oppure i suoi…   255
Là presso a' Lidi Eoi.[19]

NERINA
E tardi ancora?

DON CHISCIOTTE
Sappia Vosignoria,
Bellissima Ragazza…
(Ah!, che il timore m'ammazza,   260
Più non mi reggo in piè[di]).

NERINA
E come sei sì sciocco!
Vanne, prendilo presto.

---

[18] *Fatti core* (*fatti cuore*), equivale a *fatti coraggio*: 'sé valiente', 'ten valor', 'ten coraje'.

[19] *Lidi Eoi* (*alba/mattutino*): 'alba', 'amanecer', 'aurora' (poético). Alude también a *oriente* y a su derivado *oriental* (puesto que el sol sale por el este: «Sorgeve il novo sol, dai i lidi eoi»; T. Tasso) (*Treccani*).

DON CHISCIOTTE
Sì vado, ma del resto…

In piedi la STATUA *si alza.*

Già mi veggo imbrogliato   265
Oimè!

NERINA
Che mal ti è dato?

DON CHISCIOTTE
Non vedi là, non vedi
Che quella Statua già s'è alzata in piedi?

NERINA
Quella ti chiama, vanne.   270

DON CHISCIOTTE
Vuol me?

NERINA
Sì.

DON CHISCIOTTE
Ora vengo *(alla Statua)*. E cosa dice?

NERINA
Vuol, ch'ella balli un poco. Eh che le pare?
Ballerà volentier?   275

DON CHISCIOTTE
>   Non so ballare,
>   *(alla Statua)*
>   Signora, ella mi scusi.

NERINA
>   L'usi questa creanza,
>   Le dica di ballare.

DON CHISCIOTTE
>   (Di già perdo il cervello).   280
>   Si balli orsù: ma mi darà l'anello?[20]
>   *(Balla).*
>   Ma che creanza è questa?
>   Lei m'ha rotta la testa;
>   Ho ballato, ho sudato, e son sciancato;
>   O Lei mi dia l'anello,   285
>   O del ballo voglio essere pagato.

NERINA
>   (Frenar non posso il riso).
>   Di già il Tesoro è tuo, non più gridare.
>   Vanne pure, e ti prendi
>   Quello che più ti piace.   290
>   Presto.

DON CHISCIOTTE
>   Vi dico il vero,
>   Vi vorrei più vicina.

---

[20] *Orsù*: interjección (literario); voz de exhortación, de apoyo y aliciente, por lo general con valor conclusivo (*dai, forza, su, suvvia, via*; suele traducirse 'venga, vamos', a veces de modo repetitivo: *suvvia, fatti coraggio/* 'vamos, vamos, anímate').

Nerina
    Ecco, ti sono accanto.

Don Chisciotte
    Oimè! Nerina,   295
    Aiuto in carità; io mi moro.
    (Maledetto tesoro!).

Nerina
    (Mi muove il sempliciotto
    a riso ed a pietà).

Don Chisciotte
    Nerina mia conforto.[21]   300

Nerina
    Alzati poltronaccio.[22]

Don Chisciotte
    Oimè, son morto.
    Sudo freddo, sudo freddo.[23]
    Come vada non lo so.

Nerina
    Poveretto, reddo, reddo   305
    La paura ti gelò.

---

[21] Posible error de tipografía. En ese caso, podría ser «Nerina, *mi dia* conforto».

[22] *Poltronaccio*: peyorativo de *poltrone*, 'persona vaga, haragana, ociosa, perezosa' (*Treccani*).

[23] *Sudare freddo*: en sentido figurado e hiperbólico hace referencia a encontrarse en un estado de fuerte tensión, de agitación y temor (*Treccani*).

Don Chisciotte
>Dimmi, ov'è il tuo cor pietoso?

Nerina
>Brami un letto da riposo?
>Ti dirò
>Dove sarà.   310

Don Chisciotte
>Oibò,
>Per me non fa.

Nerina
>*(Accenando la Statua).*
>Eh, ti chiama.

Don Chisciotte
>Ah, Madama!

Nerina
>Là ti volta in cortesia.   315

Don Chisciotte
>Ah, di grazia andiamo via.

Nerina
>Ma d'errante Cavaliere
>Al dover manchi di troppo.

Don Chisciotte
>Sancio, caro, mio Scudiere,
>Dove sei? Che brutto intoppo!   320

NERINA

> Che guerrier! Che testa brava!
> Oh che gran simplicità!

DON CHISCIOTTE

> Chi mi tira, chi mi cava
> Da quest'ombre per pietà?

NERINA

> Se restar non ti rincresce   325
> Molto argento ed oro avrai.

DON CHISCIOTTE

> Se scampare or mi riesce,
> Non più imbrogli, non più guai.

NERINA

> Tu vivrai sempre di stento
> Fatto schiavo di viltà.   330

DON CHISCIOTTE

> Vo' fuggire al par del vento[24]
> Fuor del mondo, e ancor più là.

IL FINE

---

[24] *Al par*: locución adverbial *al pari di*, 'del mismo modo, igual que' (*Treccani*).

APARATO CRÍTICO

El libreto de Tommaso Mariani presenta, hasta lo que conocemos, tres versiones distintas a lo largo de la primera mitad del *Settecento*, las cuales exhiben contadas diferencias entre ellas. Sin embargo, cada una de estas versiones —la última con refundición y adaptación de Corsetti— subió a los escenarios con títulos diversos —*Nerina e don Chisciotto* (1734), *Don Chisciotte* (1746) y *Don Chisciotte nella selva di Alcina* (1752)—, algo común en aquellos años, donde las obras muchas veces eran parcialmente modificadas o bien sustituidos sus títulos por el mismo libretista, aunque hicieran referencia a un texto precedente, con el fin de amoldarse a los públicos aficionados al drama de áreas o ciudades diversas de la Italia del periodo, en este caso, respectivamente, Nápoles, Bolonia y Siena. Los tres libretos constituyen cantatas a dos voces, centrados en la inserción del hidalgo manchego en la floresta y gruta, donde reina la maga Alcina, de innegables resonancias ariostescas. Dos son los personajes que ejecutan los duetos, don Quijote (bajo o tenor) y Nerina (soprano o contralto), criada de Alcina. A ellos se suma un Sancho Panza que se mueve en los escenarios y al que el caballero andante alude, se dirige y a veces imparte órdenes, pero que, al tratarse de una cantata a dos voces, de ningún modo participa en los diálogos ni en la acción central, por lo que su entidad como personaje se halla muy diluida, actuando por lo general como complemento de carácter cómico en determinadas situaciones.

Algunos años más tarde veía la luz en Florencia otro *intermezzo* más en dos actos, *Il don Chisciotte*, pieza que se estrenaba con ocasión de los carnavales de 1762 en el teatro del Cocomero de la ciudad toscana. Esta breve pieza, cuyo libretista y compositor no hemos logrado identificar, vuelve a centrarse en un don Quijote tenor y una Nerina contralto, inmersos una vez más en un paisaje frondoso y misterioso con la presencia de la gruta. Sin embargo, en esta ocasión, como novedad, se incorpora el afamado escudero como tercer personaje, quien participa dialogando con los demás personajes; por tanto, Sancho en este *intermezzo* es presentado con entidad propia y plena autonomía. Esta última pieza es de autor y compositor anónimos, aunque mantiene relaciones directas, tanto por el argumento como por una parcela relevante de sus diálogos, con los libretos de Mariani. En todo caso, ya sea por la incorporación de Sancho como tercer personaje, como por la inclusión de nuevos diálogos y modificaciones de relieve en las relaciones que entablan el caballero manchego y Alcina, hace referencia a otra composición, y por tanto no prosigue la cadena de variantes del *intermezzo* de derivación cervantina, desde su primera representación en Nápoles en 1734 hasta la que tiene lugar en el *Seminario Arcivescovile* de Siena a mediados de la centuria. Se señalan en estas páginas las variantes (en diálogos y en no pocas didascalias) que exhiben las dos versiones precedentes del libreto de derivación quijotesca (*N: Nerina e don Chisciotte*, 1734; *DC: Don Chisciotte*, 1746), respecto al tercer eslabón, *Don Chisciotte nella selva di Alcina* (*A*; 1752).

Se precisa por último que los versos indicados se refieren a la más tardía versión del libreto de Mariani (*A*), adaptada por el sienés Corsetti, cuya edición bilingüe presentamos en estas páginas, debiéndose aclarar que no suelen coincidir en general con la numeración de los versos referidos a las dos precedentes versiones (*N* y *DC*).

Primera didascalia: *Don Chisciotto e Sancio*
Panza a cavallo a due muli, poi Nerina vestita da
Amazzone (*N*)
Una radura di bosco. Don Chisciotto e Sancio
Panza suo servo, poi Nerina, da Amazzone (*DC*)
Don Chisciotte e Sancio Panza, suo servo, poi
Nerina vestita da Amazzone (*A*)

1: Tai ta tai tatai tallà *(cantando)* (*N*)
(dall'interno) Lallarà larà, la, la, la *(entra con Sancio,*
entrambi a cavallo) (*DC*)
Lallarà larà larà (*A*)

2-3: *(a Sancio)* Tu ridi bestia! *Andrè, andrè,* qual nuova /
usanza… (*N*)
Tu ridi, bestia? Al luogo tuo / Qual nuova usanza…
(*DC*)
Tu ridi, Bestia? Al luogo tuo, qual nuova / usanza…
(*A*)

5-6: … del pari cavalcar co'l Cavaliero! / Scendi e tienmi
le staffa, ferma, piano *(scavalca)* / Marchè, che
badi?… (*N*)
… del pari cavalcar col Cavaliero? / Scendi. Tienmi
le staffa ferma. / Piano, su via. Che badi? /… (*DC*)
… Del pari camminar col Cavaliero? / Su via, che
badi? (*A*)

8: *(Entra Sancio con i muli)* (*N*)
sin didascalia (*DC*)
(Sancio parte) (*A*)

13: ... al mormorar della fresc'aura poso, / *(si getta
sopra di un sasso)*... (*N*)
... al mormorar della fresc'aura poso (*DC; A*)

15: ... prendo a ventre digiun breve riposo (*N*)
... prendo a ventre digiun breve riposo. *(SANCIO
via)* (*DC*)
... prendo a ventre digiun breve riposo (*A*)

18-20: *Pur plesir non pa' turbate / le repùs a fet* errante/
titubante *chevalier. / Peti tamp...*[25] (*N*)
Per pietà, deh non turbate / il riposo a quest'errante /
titubante cavalier (*DC*)
Per pietà, deh! Non turbate / il riposo a quest'errante
/ titubante cavalier (*A*)

21-22: *Chesche sè.* Nemici! Oh, *diabl!*[26] *(A SANCIO che gli fa
intendere co' cenni, che vien gente, e fugge)* (*N*)
Breve spazio... *(rumori)* / Cos'è nemici?... O
diavolo! (*DC*)
Breve spazio... / *(S'ode rumore di dentro)* / Cos' è?
Nemici. Oh, Diavolo! (*A*)

24-25: ... ferma; (son già imbrogliato / ma facciamoci
cor)... (*N*)
... Ferma; son imbrogliato. / Ma facciamo cor (*DC*)
... Ferma; son imbrogliato. / Ma facciamo cor... (*A*)

---

[25] *Pur plesir* ['*plaisir*'] *non pa* ['*ne pas*']... *le repùs a fet* ['*repos de fête*']...
chevalier. Peti[t] tamp...: 'para complacerme, no perturbéis / el des-
canso festivo de este errante / vacilante caballero. / Pequeño...'.

[26] *Chesche sè* ['*qu'est-ce que se*']... *diabl[e]*: 'Qué sucede. ¡Enemigos! ¡Oh,
diablos!'.

26-27: Sancio Panza? È fuggito / Per paura, il poltron (*N*)
È fuggito per paura, il poltron. / *(Entra* NERINA, *non vista da* DON CHISCIOTTE*)* (*DC*)
Sancio Panza è fuggito / Per paura, il poltron… (*A*)

28-29: Quest'è quel pazzo, / *(mentre* DON CHISCIOTTE *va vedendo per le scene, se trova* SANCIO*)* / che vuol far da guerriero /… (*N*)
Quest'è quel pazzo, / che vuol far da guerriero /… (*DC*)
Questo è quel pazzo, / che vuol far da guerriero, … (*A*)

30-31: della stessa viltà, con lui spassarmi / voglio, perciò deposi (*N*)
della stessa viltà. / Con lui spassar mi voglio / onde deposi… (*DC*)
della stessa viltà. / *(*SANCIO *torna)*. Con lui spassar mi voglio; onde deposi… (*A*)

32-33: … la verga portentosa, / e cinsi l'armi / Chi va là, chi va là? / *Mademoiselle? (le fa inchino affettato)* (*N*)
… la verga portentosa, / e cinsi l'armi / *(mostrandosi)* Chi va là, chi va là? / *(*SANCIO *rientra)*. / Bella guerriera (*DC*)
… la verga portentosa, e cinsi l'armi. / Bella Guerriera… (*A*)

35: Son cavaliero. / *(Additando* SANCIO, *che torna collo scudo di* DON CHISCIOTTE*)*. / E questo è il mio scudiero (*N*)
Son cavaliero e questi è l mio scudiero (*DC*)
Son cavaliero / E questi è il mio scudiero (*A*)

42-43: … sono / il Don Chisciotto / il Cavaliere errante (*N*)

… sono il Don Chisciotte / il Cavalier errante (*DC*)

… sono / il Don Chisciotte, Cavaliero errante (*A*)

48: Nani (*N*)

Nol so (*DC*; *A*)

55-56: E a lei, / tra lacci or or ti condurrò, se meco (*N*)

E a lei tra lacci or or ti condurrò / se meco… (*DC*)

E a lei fra' lacci or'ora / ti condurrò, se meco (*A*)

58-59: Armi! (Costei non burla) / Eh taci, ignorantone. / (*A Sancio che gli fa animo*) (*N*)

Armi? Costei non burla! / (*A Sancio*). Eh taci, ignorantone (*DC*)

Armi? (Costei non burla) / (*A Sancio*). / Eh taci, ignorantone (*A*)

63: Oh, burla! In sua difesa, (*N*)

Eh burla! In sua difesa (*DC*; *A*)

65-67: … ma non già, guardi il Ciel, per farle offesa. / A noi (*gli da un colpo)* / Oh, oh, oh, oh. Pasians, pasians (*N*)

… ma non già, guardi il Ciel, per farle offesa. / A noi! / (*DC*) Oh, oh, non tanta fretta (*DC*)

… ma non già (guardi il Ciel), per farle offesa. / Annoi / Oh oh oh oh, non tanta fretta (*A*)

71: Nolla mandiamo in ciarle, (*N*)

Non la mandiamo in ciarle (*DC*; *A*)

73-75: *Che vulè vu? / Ma tet, ma vie, mon chior, / pranè,*
pranè, tru d'onur.[27] / Ah, codardo, vigliacco *(replica i*
colpi) (N)
Mi faccia pure / tutto il peggio, che può; / che senza
risentirmi il soffrirò. / Eh, codardo, vigliacco (DC; A)

77-79: *Oh…, che vuoi dire / con quella brutta cera? / (a*
SANCIO *che si fa beffe di lui)* / E' Donna, che ci fai?
(N)
(A SANCIO*). E che vuoi dire/ con quella brutta cera?*
/ E' Donna, che nol sai? (DC; A)

81: Son guerriera, e voglio guerra, / *(accennando colpi,*
alle quali DON CHISCIOTTE *s'impaurisce e trema)…*
(N)
Son guerriera, e voglio guerra: (DC; A)

87: … scherno, e gioco / sia tra poco (N)
… scherno e gioco sia tra poco (DC)
… scherno, o giuoco sia tra poco (A)

90: … *(a* SANCIO *che gli fa intracciar lo scudo e dandoli*
la spada, gleila pone in mano, animandolo). Che
pretendi, che vuoi?… (N)
Or bene, che pretendi, che vuoi? (DC)
(A SANCIO*).* Oh bene, / che pretendi, che vuoi? (A)

93: per dar gusto a costui, (N)
per dar gusto a costei (DC; A)

---

[27] *Che vulé vu* ['*que voulez-vous*'] / *Ma tet* ['*tête*'], *ma vie, mon choir*
['*coeur*'] /… *tru*[*c*] *d'onur* ['*d'honneur*']: '¿Qué desea? / Mi cabeza, mi
vida, mi corazón, / … engaño deshonroso…'.

96: *Pensè vù bien* (*N*)
   Ci pensi ben (*DC; A*)

98-99: … si scosti e mi dia loco, / ch'ho per costume
   incominciar da lungi, (*N; DC*)
   … si discosti e mi dia loco; / che ho per costume
   incominciar da lungi, (*A*)

102: *Non pa',*[28] *non basta ancora* (*N*)
   Più, più; non basta ancora (*DC; A*)

105: *Allenusan, courasg* (Oh batticori)[29] / *(segue*
   combattimento colla peggio di don Chisciotte che,
   intimorito, si getta ai piedi di Nerina) (*N*)
   Son pronto, all'armi, all'armi / Oh batticori! / *(duello*
   brevissimo) (*DC*)
   Sono pronto: all'armi, all'armi. (Oh batticori) /
   (Nerina gli va incontro ed egli subito cede (*A*)

107: per grazia, per pietà. / *(Nerina, dopo esergli stata*
   qualche tempo in atto minaccioso, colla sciabla alzata
   sulla testa) (*N*)
   per grazia… per pietà… (*DC; A*)

112: E il tuo scudiero ancora./ *(Sancio, che se ne voleva*
   andare, [ilegible] *già fa atti di disperazione)* (*N*)
   E il tuo scudiero ancora (*DC*)
   E il tuo scudiero ancora. / Escono due Guerrieri (*A*)

---

[28] *Non pa* ['Ne pas']: 'no; aún no'.
[29] *Allenusan, courasg* [*allé nous* + *an* + *courage*] : 'Allí vamos; coraje!'

114:   … di pesanti catene. / *(Vengono quattro mori, che*
       incatenano a don Chisciotte e Sancio) (N)
       … di pesanti catene *(DC; A)*

115-120: *Coman?* Catene a me! Ad un par mio*! /* Mi scusi, mi
       perdoni; / lei non sa chi son io. / *(Alli mori) Ecoutez;*
       morbleù diabl.[30] / Pria soffrirò… farò… ma *che sì* a
       pezzi / pria mi farò tagliare *(N)*
       Coman? Catene a me? Ad un par mio? / Mi scusi,
       mi perdoni… / Lei non sa chi son io. / *Ecuté,*
       morblù diabl! / Pria soffrirò… farò… ma che? / Sí a
       pezzi pria mi farò tagliare… *(DC)*
       (A GUERRIERO). Comment? Catene a me? Ad un
       par mio? / *(A NERINA).* Mi scusi, mi perdoni. / *(A*
       GUERRIERO). Lei non sa chi son'io. / *(A GUERRIERO).*
       Ecoutez; morbleù diabl[e]. Pria soffrirò… / Farò…
       Ma che? Sí, a pezzi / pria mi farò tagliare *(A)*

120-121: *(A NERINA).* Eh che lei vuol burlare, / *(alli mori)*
       scostatevi canaglia *(N)*
       Eh, ch'Ella vuol burlare! Scostatevi, scostatevi,
       canaglia*! (DC)*
       Eh, ch'ella vuol burlare. / Scostatevi, canaglia, *(A)*

128:   … vi sveno, *scharnebleu* son disperato; *(N)*
       … vi sveno. *Sciarnebleu!* Son disperato *(DC)*
       … vi sveno *scerneblu.* Son disperato *(A)*

130:   *(Alle mori).* Astor, astor, sentite *(N)*
       Asteur… Sentite… *(DC)*
       Deh per pietà, sentite…. *(l'incatenano) (A)*

---

[30] *Coman* ['Comment'] *Ecoutez; morbleù diabl[e]*: 'Perdón ¡Escúcheme!
¡Maldición; por todos los diablos!'

134: Tra lacci avvolto / frema l'indegno (*N*)
In lacci avvolto / frema l'indegno (*DC*)
Fra' lacci avvolto / frema l'indegno (*A*)

140-149: Cedo al mio fato, / non cedo a te (*Fine primo intermezzo*) (*N*; *DC*; vv. 140-141)
Cedo al mio fato, non cedo a te. / *Che offesa è questa! / Vendetta io voglio. / Che pazza testa! / Che folle orgoglio! / D'Uomini e Dei/ sfido la fè. / Uomini e Dei / servono a me.* (*Fine della Prima Parte*)
(*A*; incluye 8 versos ausentes en las dos precedentes versiones)

Segunda parte

154: A depor l'armi invitte a queste piante? (*N*; *DC*)
A depor l'arme invitte a queste piante? (*A*)

156: ... ed io, / son Cavaliero, e Cavaliero errante (*N*)
... ed io / son cavaliero / e cavaliero errante (*DC*)
... ed io / son Cavaliere, e Cavaliere errante (*A*)

164-166: sia al premio al tuo valore; / con esso in don la libertà otterrai / ma, se mi cedi poi, / schiavo d'Alcina, in carcere morrai (*N*)
sia premio al tuo valore / e in dono ancor la libertade avrai. / Ma se paventi, poi, / schiavo d'Alcina in carcere morrai (*DC*)
E in premio ancor la libertade avrai / ma se paventi poi, chiavo d'Alcina / in carcere morrai (*A*)

173-175: Ecco una face, / accesa negli abissi. / (Non l'avesse mai detto). / Prendi (*N*)

Ecco una face accesa negli abissi. / Non l'avesse mai
detto / Prendi! (*DC*)
Comparise una face / Ecco una face accesa negli
abissi. / Non l'avesse mai detto / Prendi (*A*)

177-180: Tu paventi? / Eh, scusi lei. / Principio in
quest'istante, / col Magico poter gl'incanti miei (*N*)
Tu paventi? Principio in quest'istante / col magico
poter gl'incanti miei / *(iniziano gli esorcismi)* (*DC*)
Tu paventi? / Ella scusi. / Principio in quest'istante /
Col magico poter gl'incanti miei… (*A*)

182: ecco denudo il braccio, e in quella parte (*N*)
ecco che stendo il braccio / e in quella parte…
(*DC; A*)

190-191: l'arte mia, non ne giova, ed è pur vana. / Oh, lei
burla Signora (*N*)
l'arte mia non ha forza ed è pur vana. / Non dubiti,
Signora (*DC; A*)

194-201: 'Di febbre no, non tremi, / anima infame e vile; /
questo è l'usato stile / d'uomo, che onor non ha. /
Tremi, perchè sei privo / di quell'antico, altero, / alto
valor guerriero, / che mai temer non sa.' [*Aria*] /
(*DC; A*)
ausente en primera versión (*N*)

202-204: Spirti venite / dell'Empia Dite, / Venga con Cerbero
/ l'Idra crudel. /Vengan Eumenidi / e l'ombre
squallid / s'apra la terra / s'oscuri il ciel (*N;* 8 versos)
Ma via, segua l'incanto! / Ombre d'Averno, ola,
venite! / e col trifauce Cerbero / venga l'idra crudel /

vengan l'Eumenidi (*DC*; 5 versos)
Venite, olà, venite / ombre di Averno, e col trifauce
Cerbero / venga l'Idra crudel, vengan l'Eumenidi
(*A*; 3 versos)

209: lascia star questa gente (*N*; *DC*)
lasciam star questa gente (*A*)

213-214: Piano, *Madama*, giacchè stanno in letto / lasciali
riposare a voglia loro (*N*)
Piano, signora già *che* stanno in letto / li lasci
riposare a voglia loro (*DC*)
Piano, Signora; giacchè stanno in letto, / lasciamoli
riposare a voglia loro (*A*)

220: Siam dentro a questa grotta (*N*)
Siam dentro a questa selva (*DC*; *A*)

226: Venite a volo ed il tesoro aprite (*N*)
Venite a volo ed il tesoro aprite! / *(appare un otre*
luminoso, fantastico, irreale) (*DC*)
Venite a volo, ed il tesoro aprite. / *S'apre tutto il*
Proscenio (*A*)

230: ove noi trovaremo e gemme ed oro (*N*; *DC*)
ove noi troveremo argento ed oro (*A*)

233: più il timor non ingombra i spiriti miei (*N*)
più timor non ingombra i spir[i]ti miei; / *(appare*
una statua giacente) (*DC*)
più timor non ingombra i spir[i]ti miei (*A*)

238-240: ch'ella porta nel dito auriculare. / Potresti andarvi tu. / (Oh che animale) (*N*)
ch'ella porta nel dito auricolare. / Potresti andarci tu. / Oh che animale! (*DC*)
Ch'ella porta nel dito auriculare. Potresti andarve voi? / Oh che animale (*A*)

245-246: O' lena, o' spirto / o' spirito, o' core. / Scusi padrona mia / (*alla statua che si muove*) (*N*)
ho lena, ho spirto, ho core. / Scusi, padrona mia (*DC*)
ho lena, ho spirto, ho core. / (*alla statua appressandosi*) Scusi, Padrona mia (*A*)

251-252: Sappia pur, mia Signora, / (*alla statua*) che al nascer dell'Aurora (*N*)
Sappia, signora mia, / che al nascer dell'aurora… (*DC*)
Sappia pur, mia Signora, / che al nascer dell'aurora (*A*)

253-256: Io… non son io; è quell'anel… cioè lei / Non saprei… se li miei , o pure li suoi, / là negli lidi Eroi (*N*)
… io non son io… / e quell'anello / cioè Lei… non saprei / se i miei oppure i suoi… / là presso i lidi Eoi (*DC*)
Io non son… Quell'anello… / cioè lei… Non saprei, / se i miei, oppure i suoi… / là presso a' Lidi Eoi (*A*)

259: (*alla statua*) Bellissima ragazza (*N*)
bellissima ragazza (*DC; A*)

264-265: Già mi veggo imbrogliato (*N*)
già mi veggo imbrogliato. / *(La statua si è alzata).* /
Ohimè (*DC*)
In piedi la Statua si alza / Già mi veggo imbrogliato /
Oimè! (*A*)

271-275: *(alla statua che fa segno di sí)* / (D. Ch.) Vuole me?
/ Sí, ora vengo, e… che cosa dice! / (Ner.) Vuol
ballare un po seco e che li pare? / Ballerà volentier?
(*N*)
(D. Ch.) Vuole me? / Sí, ora vengo e cosa / dice? /
(Ner.)Vuol che la balli / un poco. / (D. Ch.) E che le
pare? / (Ner.) Ballerà volentier (*DC*)
(D. Ch.) Vuol me?/ (Ner.) Sì / (D. Ch.) Ora vengo
(alla Statua) E cosa dice? / (Ner.) Vuol, ch'ella balli
un poco. Eh che le pare? / Ballerà volentier? (*A*)

279: Gli dica di ballare (*N*; *DC*)
Le dica di ballare (*A*)

281: Ballerò, come vuol, mi da l'anello? / *(segue il ballo
colla statua)* (*N*)
Si balli orsù: ma mi darà l'anello? / *(balla con la
statua e cadde sotto di essa)* (*DC*)
Si balli orsù: ma mi darà l'anello? / [Don
Chisciotte] *balla* (*A*)

284: o ballato, o sudato e son straccato (*N*)
ho ballato, ho sudato e son sciancato (*DC*; *A*)

292-294: Ti dico il vero, / ti vorrei più vicina. / Ecco ti sono accanto / *(il vaso si trasforma in un Gigante e Don Chisciotte cade a terra per paura)* (*N*)
Ti dico il vero, / ti vorrei più vicina… / Ecco, ti sono accanto (*DC*)
Vi dico il vero, / vi vorrei più vicina. / Ecco, ti sono accanto (*A*)

296-299: aiuto in carità, io già mi moro / (Maledetto tesoro) / Mi muove il sempliciotto / a riso ed a pietà (*N*; *DC*)
aiuto in carità, io mi moro / (Maledetto tesoro!) / (Mi muove il sempliciotto / a riso ed a pietà) (*A*)

303-315: Sudo freddo / Poveretto. / Vengo meno. / Brama un letto / da riposo. / No, *Madama*. / Veda, veda, chi lo chiama *(additando il Gigante)* / Ah!, si volti, in cortesia / Cavalier! / Ah! vada via / Questa è troppa inciviltà / Questa è poca carità (*N*; 13 versos)
Sudo freddo, sudo freddo / Poveretto, poveretto / vengo meno, *vengo meno*. / brama un letto di riposo / Ah, Madama, / Eh la chiama, / vada via, vada via. / Ah si volti in cortesia (*DC*; 8 versos)
Sudo freddo, sudo freddo. / Come vada non lo so. / Poveretto, reddo, reddo / La paura ti gelò. / Dimmi, ov'è il tuo cor pietoso? / Brami un letto da riposo? / Ti dirò / dove sarà. / Oibò, / per me non fa. / *(Accenando la Statua)* Eh, ti chiama. / Ah, *Madama!* / Là ti volta in cortesia (*A*; 13 versos)

316-332 (Final):

Il Don Chisciotte (DC)	*Don Chisciotte nella selva di Alcina* (A)
D. Ch.: Mi perdoni, son gentile, son civile, mi perdoni.	D. Ch.: Ah, di grazia andiamo via.
Ner.: Ma tu poi di Cavaliere al dover manchi troppo; sei codardo, sei codardo.	Ner.: Ma d'errante Cavaliere al dover manchi di troppo.
	D. Ch.: Sancio, caro, mio Scudiere, dove sei? Che brutto intoppo
	Ner.: Che guerrier! Che testa brava! Oh che gran simplicità!
D. Ch.: No, che in petto tu non hai per me pietà.	D. Ch.: Chi mi tira, chi mi cava da quest'ombre per pietà?

NER.: Se restar non ti
rincresce
molto argento ed
oro avrai.

D. CH.: Se scampare or mi
riesce,
non più imbrogli,
non più guai.

NER.: Sí, che in petto
chiudi un cor pien
di viltà.

NER.: Tu vivrai sempre di
stento
fatto schiavo di
viltà.

D. CH.: Vo' fuggire al par
del vento
fuor del mondo, e
ancor più là.

Fine

Fine

Don Quijote en la floresta de Alcina / Don Chisciotte nella selva di Alcina se preparó para su publicación el mes de marzo de 2025 en el estudio de Pandiella y Ocio (Oviedo, Asturias). Se emplearon las tipografías Minion Pro (Adobe) en la tripa y Kiperman (Harbor Type) en la cubierta.